D1694075

Hermann Haas

# UNBESCHWERT KOCHEN
## IM DAMPFBACKOFEN

MIT SCHRITT FÜR SCHRITT BILDANLEITUNGEN

# HAASI KOCHT
**Unbeschwert am Herd**

**Auflage 1**
**ISBN 978-3-00-072827-3**
© 2022 Werwolf Media GmbH
Spitalweg 1
88410 Bad Wurzach

Alle Rechte der Verbreitung, auch durch Film, Funk, Fernsehen, fotomechanische Wiedergabe, Tonträger aller Art, auszugsweisen Nachdruck oder Einspeicherung und Rückgewinnung in Datenverarbeitungsanlagen aller Art, sind vorbehalten.
Die Inhalte dieses Buches sind von Autor und Verlag sorgfältig erwogen und geprüft, dennoch kann eine Garantie nicht übernommen werden. Eine Haftung von Autor und Verlag für Personen-, Sach-, und Vermögensschäden ist ausgeschlossen.

Texte: Hermann Haas
Layout, Design & Satz: Fiona Eichler-Hampp
Redaktion: Regina Kolb-Dargel
Lektorat: Regina Kolb-Dargel

Fotos: © Werwolf Media GmbH
Abbildungen: © Freepik (Schieferplatte)
Gesamtherstellung: Werwolf Media GmbH

**www.werwolf.media**

Printed in Germany

*Für alle kochbegeisterten Menschen und die, die es gerne werden wollen.*

**„WAS GANZ WAS BSONDERS"**

Vor Jahren war kochen mit Dampf nur Profiköchen vorbehalten. In letzter Zeit steigt die Anzahl der Besitzer von Dampfgargeräten immer mehr. Da ergeben sich natürlich einige Fragen, zumal viele zum ersten Mal ein solches Gerät besitzen.

Darum habe ich mich ans Werk gemacht und möchte hier ein Buch präsentieren, welches sich ausschließlich mit Wasser im Ofen beschäftigt. In diesem Buch möchte ich auf die Vorteile von Dampf hinweisen. Sei es in Form von Qualitätsverbesserung, Vorbereitung oder Zeitersparnis. Ebenso sind mir die gesundheitlichen Aspekte wichtig.
Die Rezepte in diesem Buch sind alles herkömmliche Gerichte, die ihr vielleicht schon einmal gekocht oder zumindest gegessen habt.
Ich möchte hier keine neuen Gerichte „erfinden oder kreieren", sondern Hilfestellung leisten, damit ihr die Funktionen Dampf oder Dampfzugabe besser versteht und diese im Alltag für euch einsetzen könnt. Ich wünsche mir, dass ihr mit eurem Backofen viel Freude habt und sagt: "Den gebe ich nicht mehr her."
Wenn mir das gelingt, dann habe ich mein Ziel erreicht.

Euer
HAASI

Serviettenknödel | S. 78

### Erklärung zu den verschiedenen Geräten
Dampfbacköfen gibt es von fast jedem Hersteller. Jeder hat seine eigene Bezeichnung. Da ich viel mit Geräten der Marke Neff arbeite, werde ich in diesem Buch die Einstellung und Bezeichnung dieses Herstellers verwenden.

Diese lauten:
- Dampfgaren
- Dampfzugabe gering
- Dampfzugabe mittel
- Dampfzugabe stark

Bei anderen Herstellern wäre es zum Beispiel
- Stufe 1
- Stufe 2
- Stufe 3

Oder auch
- 25 %
- 50 %
- 75 %

Dampfgaren kann auch als Vital Dampf oder Feuchtgaren bezeichnet werden.

**Portionen**

④ ②

**Dampfzugabe**

**Dampfgaren**

**Schwierigkeit**

leicht

mittel

schwer

# HINTERGRUNDWISSEN

Beim Dampfgaren liegt das Gargut auf einem gelochten Blech und wird mit feuchter Hitze gegart.
Der Vorteil ist, dass es nicht im Wasser liegt und somit der osmotischen Reaktion ausgesetzt ist.
Das bedeutet, dass es nicht ausgelaugt wird, Mineralien und Vitamine bleiben bis zu 75% mehr erhalten als beim herkömmlichen Kochen im Wasser.
Farbe, Geruch und Textur sind beim Dampfgaren deutlich besser als beim Kochen oder Dünsten in der Pfanne.
Einkochen und das Keimfrei machen von Gläsern oder Kinderfläschchen ist durch 100°C Dampf möglich.
Fisch kann schonend gedämpft werden. Dies ist bei Temperaturen von 80°C oder weniger möglich, da das Eiweiß von Fisch so erhalten bleibt.
Ebenso ist sous vide Garen eine super Alternative zu herkömmlichem Garen.
Punktgenaues Dämpfen ab 48°C ist kein Problem.
Ein weiterer Vorteil ist, dass in einem Dampfvorgang mehrere Speisen gleichzeitig übereinander oder nebeneinander gegart werden können und somit Energie gespart wird.
Natürlich ist die Zeitersparnis auch immer ein Thema beim Kochen. Dampfgaren ist nicht unbedingt schneller, aber es kann entspannt anderen Dingen nachgegangen werden, weil nichts anbrennen oder überkochen kann. Einfach Zeit einstellen, fertig. Würstchen werden bei 90°C im Dampfgarer erhitzt und platzen nicht auf, da eben die Osmose fehlt. Das selbe gilt für Kochen von Eiern, auch sie platzen nicht auf.
Speisen aufzutauen oder wieder zu erwärmen, ist für mich persönlich der allergrößte Vorteil vom Dampf im Ofen.
Ob Gemüse, Fleisch oder Beilagen, jeder Profikoch kennt es nicht anders. Die Speisen werden regeneriert.

Schweinerücken mit Kartoffelsalat | S. 54

Gefrorenes oder schon älteres Kleinbrot erwacht durch Regenerieren zu neuem Leben. Knusprig und saftig. Einfach ausprobieren und gegebenenfalls die Temperatur erhöhen.
Die Dampfzugabe bei höheren Temperaturen z.B mit Heißluft hat den großen Vorteil, dass das Gargut nicht austrocknet, da im Ofen eine höhere Luftfeuchtigkeit herrscht. Sie erspart auch das ständige Übergießen eines Bratens. Ich erkläre es immer mit dem Prinzip einer Sauna.
Durch den „Aufguss" erhöht sich die Temperatur, ohne dass etwas verbrennt oder austrocknet. So gelingt Paniertes oder Gebratenes wie auch Gulasch hervorragend. Durch Heißluft entstehen Röststoffe. Der Dampf sorgt dafür, dass die Feuchtigkeit im Gargut bleibt.

**Wissenswert**
Mit der Dampfzugabe können auch ganz einfache und alltägliche Gerichte zubereitet werden, an die man im ersten Moment gar nicht denken würde.

Zum Beispiel
Würstchen warm machen
80-90°C stark Dampf etwa 8 min

Brot aufbacken
150°C Heißluft mit geringer bis mittlerer Dampfzugabe

Eier kochen
90°C stark Dampf, bei 9 min ist der Dotter hart

Einkochen
Einmachgläser mit der Öffnung nach unten auf ein Gitter stellen und im Dampfgarer bei 100°C 15 min sterilisieren. Dann mit Obst, Gemüse, etc. befüllen. Gut verschließen und nochmals für 30 min bei 100°C in den Dampfgarer stellen.

Bei Bratensoße oder Gulasch am besten 60 min nochmal in den Dampfgarer.

**1** Tüten / Vakuumierbeutel / Klarsichtfolie
Zum sous vide Garen und Dämpfen von Knödel.

**2** Spieße
Für Fleisch- und Gemüsespieße. Wenn Holzspieße verwendet werden, diese vorher ins Wasser legen, dann kann man sie leichter bestücken.

**3** Pürierstab
Zum Mixen von Soßen und Aufschlagen von Vinaigrette geeignet.

**4** Kartoffelstampfer
Zum Stampfen von Püree. Ideal, weil so das Püree schön luftig bleibt.

**5** Parfaitform
Zum Einfrieren von Parfait.

**6** Multipointer
Dient als Fleischthermometer. Wenn er im Ofen angesteckt ist, wird der Garvorgang automatisch beendet, sobald die eingestellte Temperatur erreicht wird.

**7** Reibe

**8** Pinsel
Zum Bestreichen von Teigen. Gibt es auch aus Silikon.

**9** Palette
Zum Bestreichen von Farce und Glattstreichen von Cremes.

**10** Pfannenwender

**11** Fleisch- und Gemüsezange
Da man nicht ins Gargut stechen muss, ist sie am besten zum Grillen von Fleisch und Gemüse geeignet.

**12** Schüssel
Zum Mischen von Dips und Teigen.

**13** Messbecher
Zum Abmessen von Flüssigkeiten.

**14** Sparschäler
Gibt es in verschiedenen Ausführungen.

**15** Officemesser
Kleines Küchenmesser ideal zum Putzen von Gemüse.

**16** Ausbeiner
Zum Parieren und Zerlegen von Fleisch.

**17** Küchenmesser
Zum Schneiden von Gemüse wie Zwiebeln und zum Hacken von Kräutern und Gewürzen.

**18** Gewürzreibe
Zum Reiben von Muskatnuss, Zitronen, Tonkabohne und Parmesan.

**19** Gemüse- Spiralschneider
Für Gemüsespaghetti oder -nudeln.

**20** Mixbecher

# KÜCHEN HELFER

**21 Backpapier**
Die ideale Unterlage, damit nichts am Blech haften bleibt. Gibt es auch wiederverwendbar als Matten.

**22 Nudelholz**
Zum Auswalzen von Teigen oder Plattwalzen von Lebensmitteln.

**23 Teigschaber**
Zum Einstreichen von Füllungen. Aber auch zum Zerkleinern von Pfannkuchen für Schmarren.

**24 Suppenkelle**
Zum Portionieren von Flüssigkeiten. Aber auch ideal zum Aufrollen von Nudeln mit einer Gabel.

**25 Waage**
Unerlässlicher Küchenbegleiter.

**26 Trichter**

**27 Teigschaber**

**28 Rührbesen**
Zum Aufschlagen von Cremes und Verrühren von Dips.

**29 Gerippte Grillplatte**
Das beste zum Grillen von Steaks. Aber auch für Gemüse, das eine schöne Grill-Maserung haben soll.

**30 Pfannen**

**31 Töpfe**

**32 Backbleche/Dampfbleche**
Gibt es auch mit praktischer Keramik Beschichtung.

# GARTABELLEN

| | Rauchpunkt in Grad |
|---|---|
| Arganöl | 180°C |
| Distelöl | 150°C |
| Erdnussöl raffiniert = heißgepresst | 230°C |
| Erdnussöl unraffiniert = kaltgepresst | 130°C |
| Palmkernfett | 220°C |
| Schweineschmalz | 121° - 218°C |
| Butterschmalz | 205°C |
| Butter | ca. 175°C |
| raffinierte Öle | > 200°C |
| Rapsöl kaltgepresstes | 130 - 190°C |
| Rapsöl raffiniert | 220°C |
| kaltgepresstes Olivenöl | 130° - 175°C |
| heißgepresstes Olivenöl raffiniert | > 220°C |

| | Rauchpunkt in Grad |
|---|---|
| Hanföl | 120°C |
| Leinöl | 107°C |
| Sojaöl | 235°C |
| Sonnenblumenöl raffiniert | 210° - 250°C |
| Sonnenblumenöl unraffiniert | 107°C |
| helles ungeröstetes Sesamöl unraffiniert | 220°C |
| dunkles geröstetes Sesamöl unraffiniert/kaltgepresst | 177°C |
| Traubenkernöl raffiniert | 200°C |
| Traubenkernöl unraffiniert | 130°C |
| Walnussöl unraffiniert | 160°C |

| RIND | Rosa | Medium | Well Done |
|---|---|---|---|
| Rinderfilet | 38° - 55°C | 55° - 58°C | – |
| Roastbeef | 53° | 55° - 60°C | – |
| Rindsrose | – | 85° - 90°C | – |
| Rinderbrust | – | 90° - 95°C | – |
| Rinderbraten | – | 70°C | 80° - 85°C |
| Tafelspitz | – | 90°C | – |
| Sauerbraten | – | 85°C | – |
| Entrecote | – | 56°C | – |
| Beef Brisket | – | 85°C | – |
| Falsches Filet | – | 60° - 65°C | 70° - 75°C |
| Rouladen aus dem Filet | – | 58°C | – |
| Rouladen aus der Keule | – | 70°C | – |
| Rinderlende | 38° - 55°C | 55° - 58°C | – |

| KALB | Rosa | Vollgar |
|---|---|---|
| Kalbsrücken | 65° -70°C | – |
| Schlegel | – | 78°C |
| Nierenbraten | – | 75° - 80°C |
| Kalbsbraten | – | 68° - 74° C |
| Kalbsschulter | – | 75° - 80°C |
| Kalbsbrust gefüllt o. ausgelöst | – | 75° - 78°C |
| Kalbsbraten gefüllt | – | 70°C |
| Oberschale | – | 78°C |
| Frikandeau | – | 78°C |
| Haxe | – | 80° - 85°C |
| Keule | – | 78°C |
| Nierenbraten | – | 75° - 80°C |
| Nuss | – | 78°C |
| Schulterbraten | – | 74°C |
| Kalbslende | 60°C | – |
| Kalbsfilet | 60°C | – |

| | Rosa | Vollgar |
|---|---|---|
| Keule \| Schlegel | 65° - 68°C | 75°C |
| Schweinemedaillons | 65°C | – |
| Schweinerücken | 65° - 70°C | – |
| Schweinekamm | – | 70° - 75°C |
| Schweineschulter | – | 75°C |
| Schweinebauch gefüllt | – | 70° - 75°C |
| Wammerl | – | 80° - 85°C |
| hintere Schweine-Haxe gebraten | – | 80° - 85°C |
| Eisbein | – | 80° - 85°C |
| Kochschinken | 64° - 68°C | – |
| hintere Haxe gepökelt | – | 75° - 80°C |
| Rippchen Spare Ribs | 65°C | 85°C |
| Schweinezunge | – | 85° - 90°C |
| Kassler Aufschnitt | 55° - 60°C | – |
| Kassler | 55°- 62°C | 64° - 68°C |
| Schinken in Brotteig | – | 65° - 70°C |

| | Rosa | Vollgar |
|---|---|---|
| Schweinsköpfe | – | 75°-82°C |
| Pulled Pork | – | 95°C |
| Hackfleisch | – | 75°C |
| Brustspitz | – | 85°C |
| Keule vollgar | 65° - 68°C | 75°C |
| Burgunderschinken | – | 64° - 68°C |
| Schweinefilet | 58°C | 65°C |
| Schweine-Kotelett ohne Knochen | – | 68°C |
| Kotelette mit Knochen | – | 75° - 80°C |
| Schweinenacken | – | 70° - 75°C |
| Leberkäse | – | 72°C |
| Schinken | 65° - 68°C | 75°C |
| Haxe gebraten | – | 80° - 85°C |
| Haxe gepökelt | – | 75° - 80°C |
| Spanferkel | 65°C | – |

| | Rosa | Vollgar |
|---|---|---|
| Ente | – | 80° - 90°C |
| Entenbrust | 62° - 65°C | – |
| Gans | 75° - 80°C | 90° - 92°C |
| Gänseleber-Pastete Foie gras | – | 45°C |
| Hähnchen | – | 80° - 85°C |
| Hähnchen- / Hühnerbrust | – | 72°C |
| Hühnchen | – | 80°C |
| Perlhuhnbrust | – | 70°C |
| Poulet | – | 85°C |
| Pute | – | 80° - 90°C |
| Putenbraten | – | 70°C |
| Truthahn | – | 80° - 85°C |
| Strauß Filetsteak | – | 58°C |

| | Rosa | Vollgar |
|---|---|---|
| Rehbraten | – | 75° - 80°C |
| Rehrücken | 50° - 60°C | – |
| Rehrücken gespickt | – | 58° - 60°C |
| Rehschulter | 60°C | – |
| Hirschrücken | 54° - 60°C | – |
| Hirschbraten | 60°C | – |
| Hirschmedallions | 60°C | – |
| Wildschweinbraten | – | 75° - 78°C |
| Wildschweinfilet | 60° - 62°C | – |
| Wildschweinkeule | – | 75°C |
| Kaninchenkeulen | – | 65°C |

| | Rosa | Vollgar |
|---|---|---|
| Lamm | – | 79° - 85°C |
| Lammkeule | 60°C | 70° - 72°C |
| Lammrücken | 60° - 62°C | 68°C |
| Lammkarree | 55°C | – |
| Lammkoteletts | 55°C | – |

| | Rosa | Vollgar |
|---|---|---|
| Hammelrücken | 70° - 75°C | 80°C |
| Hammelrücken vollgar | – | – |
| Hammelkeule | 75° - 78°C | 82° - 85°C |

| | Verzehrfertig |
|---|---|
| Hecht | 63°C |
| Lachs | 60°C |
| Mousse de Poisson | 65°C |
| Zander | 62°C |
| Seeteufel glasig | 55° - 60°C |

| | Verzehrfertig |
|---|---|
| Seeteufel | 62°C |
| Thunfisch | 62°C |
| Crevetten | 62°C |
| Rotbarsch | 55°C |

# INHALT

Lachstatar mit Kartoffelrösti | S. 64

## BEILAGEN & BEIGABEN

- **13** Vinaigrette
- **14** Aktivator
- **15** Kräuterschmand
- **16** Kräuterbutter
- **18** Chiabatta
- **20** Birnen Focaccia
- **22** Dunkle Soße
- **24** Speckchips

## FLEISCHGERICHTE

- **28** Chili con Carne
- **30** Tomahawk Steak
  mit Kartoffeln und Gemüse
- **32** Entenbrust
  mit Kartoffelgratin
- **34** Fleischküchle
  auf Kartoffelpüree
- **36** Gaisburger Marsch
- **38** Hähnchen Kiew
- **40** Hähnchenkeule
  mit Pommes
- **42** Zitronenhänchen
  auf Avocado-Nussreis
- **44** Hänchenbrust
  im Semmelknödelmantel
- **46** Shepards Pie
- **48** Schweinefilet
  im Wasabi-Erdnussmantel
- **50** Schweinshaxe
- **52** Spanferkel
- **54** Schweinerücken
  mit Kartoffel-Gurkensalat
- **56** Lammspieß

## FISCH

- **60** Lachsfilet
  mit Rucola Kruste
- **62** Gegarter Lachs
  mit Kräuter Risotto
- **64** Lachstatar
  mit Kartoffelrösti
- **66** Mango Nudeln
  mit gebackenen Garnelen
- **68** Meerbarbe
  auf asiatischem Gemüse

## VEGETARISCH

- **72** Polenta Currysticks
  auf Ofengemüse
- **74** Kaiserschmarrn
- **76** Gemüsepfannkuchen
  mit Salatteller
- **78** Serviettenknödel
  gefüllt auf Ofenpilzen
- **80** Tomatenspaghetti
  mit frischem Bauerngemüse

## SALATE

- **84** Panierter Lachs
  auf Feldsalat
- **86** Salatteller
  Mit panierten Spargelröllchen

Hier findest du einfache Gerichte, die andere Speisen in diesem Buch ergänzen oder auch als Beilage dienen. Es sind zwar "nur" Beilagen oder Beigaben, aber ohne sie wäre es auf dem Teller doch sehr langweilig.

| | |
|---|---|
| **Vinaigrette** | 13 |
| **Aktivator** | 14 |
| **Kräuterschmand** | 15 |
| **Kräuterbutter** | 16 |
| **Chiabatta** | 18 |
| **Birnen Foccacia** | 20 |
| **Dunkle Soße** | 22 |
| **Speckchips** | 24 |

# BEILAGEN & BEIGABEN

Focaccia | S. 20

## Beilagen & Beigaben

# VINAIGRETTE

🕐 10 MINUTEN

### ZUTATEN

1 TL Salz

Prise Pfeffer

1 EL Honig
oder Ahornsirup

0,1l Weißweinessig

0,1l Orangensaft

2 EL Senf
(mittelscharf)

2 EL dunkler Balsamico

0,3l Olivenöl

**1** Salz, Pfeffer, Senf, Honig, Essig und Saft in ein hohes Gefäß oder in einen Messbecher (mind. 1l) geben. Alles mit dem Pürierstab mixen.

**2** Öl langsam zur Saft-Essigmasse gießen. Soviel Öl dazugeben bis eine cremige Vinaigrette entsteht.

> **VINAIGRETTE KANN ÜBER 2-3 WOCHEN IM KÜHLSCHRANK AUFBEWAHRT WERDEN.**

⏱ 5 MINUTEN

Zum Aktivieren von Gemüse den Aktivator einfach über das Gemüse streuen. Durch das Aktivieren brechen die Gemüsefasern auf. Der Zucker hebt den Eigengeschmack des Gemüses. So schmeckt das Gemüse intensiver.

## ZUTATEN

1 EL Zucker
6 EL Salz

**1** 1 gehäufter El Zucker mit 6 gehäuften El Salz vermengen und in einen Gewürzstreuer geben.

*½ Pckg. Backpulver*

> GEMÜSE SCHMECKT INTENSIVER UND FRISCHER

# AKTIVATOR

**Beilagen & Beigaben**

# KRÄUTERSCHMAND

🕒 5 MINUTEN

**TIPP**
**AUCH VEGAN MÖGLICH**

**1** 1 Becher **Schmand** mit **Kräutersalz, Pfeffer, Haasis Gold** und **Zitronenabrieb** würzen. Für die Schärfe ein paar Streifen frische **Chili** mit Kernen hinzugeben.

**Kräuter** nach Wahl wie z.B. Petersilie, Schnittlauch, Basilikum hacken und dazu geben.

## ZUTATEN

150g Schmand, Sauerrahm oder Quark

Frische Kräuter

Chili, Kräutersalz, Pfeffer, Haasis Gold

Zitronenabrieb

**Dipp Variante**

Man kann Quark, Sauerrahm und Schmand auch mischen. Ebenso passt Joghurt gut dazu. Eventuell etwas Vinaigrette dazugeben. Getrocknete Tomaten, Oliven, Curry, je nach Vorliebe und Geschmack.

⏱ 15 MINUTEN

**1** **Butter** aus dem Kühlschrank nehmen und weich werden lassen. **Butter** mit Schneebesen oder Küchenspachtel gut verrühren. Man kann sie auch schaumig schlagen. Mit **Zitronenabrieb**, gehackter **Chili** und **Gewürzen** nach Wunsch abschmecken.

**2** **Kräuter** waschen und nur grob ausschütteln. Sie sollten noch feucht sein, damit sie auch schön grün in der **Butter** sind. Dann gut hacken oder mixen. Mit der **Butter** verrühren und in einer Alu- oder Frischhaltefolie zu einer glatten Wurst drehen. Im Kühlschrank wieder erkalten lassen.

## ZUTATEN

500g Butter

1 Bund Petersilie

1 Bund Schnittlauch

1 Bund Basilikum

Kräuter nach Wunsch

1 Chili

Zitronenabrieb

Haasis Gold

Curry und Paprika nach Wunsch

> **WAS WÄRE EIN STEAK OHNE KRÄUTERBUTTER**

# KRÄUTERBUTTER

# Beilagen & Beigaben

**1**

Lauwarmes **Wasser** in die Schüssel geben und die **Hefe** darin auflösen. **Honig** und **Salz** dazugeben. Das **Mehl** langsam darin verrühren.

Bitte nicht alles auf einmal, sondern langsam einrühren. Am besten von Hand.

**2**

So viel **Mehl** dazugeben, bis kein Teig mehr an den Händen und nichts mehr am Schüsselrand haftet. Alles gut durchkneten. Das **Olivenöl** dazugeben und nochmals gut durchkneten.

**3**

Teig in den Ofen stellen und bei Gärstufe gehen lassen. Wenn der Ofen 2 Gärstufen besitzt, dann Stufe 1 auswählen. 30 min gehen lassen.

**4**

Den gegangenen Teig aus der Gärstufe nehmen und nochmal auf einem Brett bearbeiten. Dabei sollte der Teig übereinander gefaltet werden. Also nicht verkneten, sondern falten. Zu einem Strang formen, mit **schwarzem Sesam** bestreuen und nochmals 10 min bei Gärstufe gehen lassen.

**5**

Brot bei Brotbackstufe 220°C und mittel Dampf 15 min backen, dann zurückschalten auf 180°C und weitere 15 min backen.

# CHIABATTA
## mit schwarzem Sesam

- 15 MIN + 40 MIN GÄRZEIT + 30 MIN BACKZEIT
- LEICHT
- 4 PORTIONEN
- DAMPFZUGABE

**TIPP**
Ciabatta eignet sich gut als Vorspeise, evtl. zum Salat. Auch ist es eine Alternative als Beilage.

Wenn man den Teig kein zweites Mal gehen lassen will, kann man ihn auch bei Schritt 5 in den kalten Ofen schieben. Dabei hat das Brot Zeit ein zweites Mal zu gehen.

## ZUTATEN

350ml Wasser

½ Würfel Hefe

500g Mehl Type550

1 EL Salz

1 EL Honig

100ml Olivenöl

schwarzer Sesam

# Beilagen & Beigaben

**1**

750ml lauwarmes **Wasser** in eine Schüssel geben. **Kräutersalz, Zucker** und **Hefe** darin auflösen. **Mehl** langsam in das **Wasser** geben und verrühren bis kein Teig mehr an den Händen haften bleibt. Bitte nicht alles **Mehl** auf einmal zugeben. Dann etwas **Olivenöl** dazu, so dass ein geschmeidiger Teig entsteht.

**2**

Teig in der Gärstufe 30 min gehen lassen, bis er sich verdoppelt hat.

**3**

**Birne** entkernen und in Spalten schneiden. **Schmand** verrühren und mit Salz leicht würzen. **Käse** in Streifen schneiden.

**4**

Aufgegangenen Teig auf ein Brett geben und kräftig durchkneten. Am besten den Teig immer übereinander falten und die im Teig eingeschlossene Luft herausdrücken.

**5**

Teig zu einem dicken Fladen ausrollen. Mit **Schmand** dünn bestreichen und mit **Walnüssen** belegen. **Walnüsse** fest in den Teig drücken, damit sie beim Backen nicht verbrennen. **Birnen** drauflegen und den **Käse** in Stückchen auf die **Walnüsse** und **Birnen** legen.

**6**

Das Brot nochmal 20 min in die Gärstufe. Danach den Ofen aufheizen auf 220°C Brotbackstufe oder Ober-Unterhitze mit gering Dampf. Darin ca. 30 min fertig backen.

# BIRNEN FOCCACIA
## mit Weichkäse und Nüssen

- 15 MIN + 50 MIN GÄRZEIT + 30 MIN BACKZEIT
- LEICHT
- 4 PORTIONEN
- DAMPFZUGABE

**TIPP**
Wer sich Zeit sparen will, kann den fertigen Fladen sofort in den kalten Ofen schieben, dieser hat dann Zeit, beim Aufheizen ein zweites Mal aufzugehen.

Käse über den Nüssen platzieren, da sie schnell verbrennen.

Teig am besten mit der Hand machen.

Kürbiskernöl passt hervorragend dazu.

## ZUTATEN

750ml Wasser

500g Dinkelmehl Type 630

500g Weizenmehl Type 405

½ Würfel Hefe

1 EL Kräutersalz

1 Prise Zucker

50ml Olivenöl

½ Becher Schmand

80g Bavaria blue (oder anderer Schimmelkäse)

80g Camembert

10 Walnüsse

1 Birne

**ZUM VERFEINERN:**
Kürbiskernöl

# Beilagen & Beigaben

## DIE SOSSE ALS BEGLEITER

### ZUTATEN

1,5kg Schweine- oder Kalbsknochen

2 Karotten

½ Knollensellerie

2 Zwiebeln geschält

1 Stange Lauch

3 EL Tomatenmark

1,5l Rotwein trocken

2 EL Stärke

Paprika edelsüß, Salz, Pfeffer, Haasis Gold

0,25l Wasser

**1**

**Knochen** auf ein Blech legen. Im Ofen bei 160°C 45 min bei Heißluft grillen, bis sie dunkelbraun angeröstet sind.

**2**

**Karotten**, **Zwiebeln** und **Sellerie** in grobe Würfel schneiden. **Lauch** in Scheiben schneiden.

**3**

**Gemüse,** außer Lauch, in einem Topf scharf anbraten, bis es dunkelbraun ist. **Lauch** dazugeben und leicht mitbraten. Lauch wird bitter, wenn er zu dunkel ist. Dann **Tomatenmark** dazugeben und anbraten. Anschließend mit **Rotwein** ablöschen. Am besten zweimal ablöschen und wieder einkochen lassen.

# DUNKLE SOSSE
### die Basis

⏱ 45 MIN + 8 H KOCHEN   📖 MITTEL

**TIPP**
Den Topf mit mindestens 4l Wasser auffüllen.
Die Soße am besten über Nacht abkühlen lassen und am nächsten Tag wieder aufkochen.
Beim Abschmecken kann man nochmals Rotwein für die Farbe dazu geben.
Für den Glanz 1 EL Tomatenmark hinzufügen.
Fertige Soße am besten in Gläser abfüllen.
Sie kann eingefroren werden.

**4**

**Knochen** dazugeben, mit **Wasser** auffüllen und mindestens 8 Stunden köcheln lassen. Dann **Knochen** aus der Soße nehmen und alles durch ein Sieb passieren. Mit **Salz**, **Pfeffer**, **Paprika** und **Haasis Gold** kräftig abschmecken. **Stärke** mit **Wasser** anrühren und damit die Soße leicht anbinden.

# Beilagen & Beigaben

## ZUTATEN

10 Scheiben Bacon
3 Zweige Rosmarin
Backpapier

**WER ES DEFTIG MAG!**

**1**

**Bacon** in Streifen schneiden oder schon in Streifen geschnitten kaufen. **Rosmarinzweige** und **Backpapier** bereitlegen.

**2**

**Backpapier** auf ein Blech legen, **Speckstreifen** nebeneinanderlegen, **Rosmarinzweige** darüber verteilen.

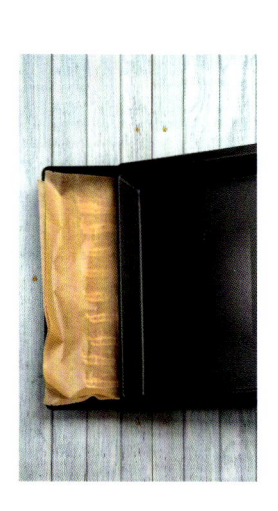

**3**

Damit der **Speck** flachgedrückt wird und das Fett ausläuft, auf die **Speckstreifen** nochmal ein **Backpapier** und darauf ein Blech legen.

# SPECKCHIPS
## aus dem Dampfbackofen

🕐 10 MIN + 20 MIN BACKZEIT  ✋ LEICHT

**TIPP**
Speckchips eignen sich hervorragend als Garnitur, vor allem bei Pfifferlingsuppen, Kartoffelsuppen, Fleischgerichten wie kurz gebratene Steaks und Braten, sowie deftigen Nudelgerichten und Kässpätzle.

**4**

**Speck** bei 200°C Heißluft in den Ofen schieben und etwa 20 min backen, bis das ganze Fett weg ist. Bitte immer wieder nachschauen, da jeder **Speck** etwas anders ist.

# FLEISCH-GERICHTE

Schweinshaxe | S. 50

Beim Thema Fleisch spielt der Dampfbackofen eine große Rolle. Der Dampf sorgt bei allen Fleischgerichten, die geschmort oder gebacken werden dafür, dass die Feuchtigkeit im Fleisch bleibt. Hackfleisch, Braten oder auch paniertes würde ohne Dampf im Ofen recht schnell austrocknen. Wer keinen Dampf hat, muss das Fleisch ständig übergießen, um denselben Effekt zu haben.

Wenn ich rohes Fleisch im Ofen anbrate, läuft zwar Fleischsaft aus. Dieser bleibt aber im Ofen erhalten und wandert somit in die spätere Soße. Am besten hierfür ein Blech unter das Gargut schieben.

| | |
|---|---|
| **Chili con Carne** | 28 |
| **Tomahawk Steak** | 30 |
| **Entenbrust** | 32 |
| **Fleischküchle** | 34 |
| **Gaisburger Marsch** | 36 |
| **Hähnchen Kiew** | 38 |
| **Hähnchenkeule** | 40 |
| **Zitronenhähnchen** | 42 |
| **Hähnchenbrust** | 44 |
| **Shepards Pie** | 46 |
| **Schweinefilet** | 48 |
| **Schweinshaxe** | 50 |
| **Spanferkel** | 52 |
| **Schweinerücken** | 54 |
| **Lammspieß** | 56 |

# Fleischgerichte

**1**

Rote Bohnen über Nacht in Wasser einweichen. Erklärung siehe Tipp.

**2**

Tiefes Backblech bei 240°C Heißluft im Ofen aufheizen. **Rindfleisch** in Würfel schneiden und mit Öl von **Haasis Gold**, **Salz**, **Pfeffer** und **Paprika edelsüß** kräftig würzen. **2 große Zwiebeln** in Würfel schneiden.

**3**

Blech aus dem Ofen nehmen. Gewürztes Fleisch und Zwiebelwürfel darauf verteilen. Bei Einschubhöhe 3 im Ofen bei 240°C Heißluft plus Grill mit gering Dampf 30 min anbraten. Nach 20 min **Tomatenmark** einrühren und nochmal 10 min bei gleicher Einstellung anbraten.

**4**

**Bohnen**, **Jalapeños**, **getrocknete Tomaten**, **Chili** und **Bier** zugeben. Mit **1l Wasser** angießen.

**5**

Das Blech im Ofen bei 200°C Heißluft mit stark Dampf 1½ Std. köcheln lassen. Wer möchte, kann noch Mais und ein Lorbeerblatt dazugeben. Allerdings wird das Gericht durch den Mais süßlich. Bei Bedarf kann nachgesalzen werden.

**6**

Nach 1½ Std. sollten die Bohnen weich sein und das Gericht sämig. Sollte das nicht der Fall sein, kann man noch mit Kartoffelstärke leicht anbinden. Zum Verfeinern: **Zitronenabriebe**, **Schmand** oder **Joghurt**. Abschließend mit **Petersilie** bestreuen.

# CHILI CON CARNE
## aus dem Dampfbackofen

- 30 MIN + 1,5 H GARZEIT (DIE BOHNEN ÜBER NACHT EINWEICHEN)
- MITTEL
- 4 PORTIONEN
- DAMPFZUGABE

**TIPP**
Die roten Bohnen im Wasser einweichen, da Hülsenfrüchte Phytinsäure enthalten. Durch das Einweichen wird diese freigesetzt und kann dann mit dem Einweichwasser weggeschüttet werden. So sind die Bohnen verträglicher. Das gilt für alle Hülsenfrüchte.

## ZUTATEN

500g getrocknete rote Bohnen

100g getrocknete Tomaten

1,5kg Rindfleisch

2 große Zwiebeln

3 EL Tomatenmark

1 Glas Jalapeños

3 frische Chili Schoten

0,5l Bier

Haasis Gold, Salz, Pfeffer, Paprika edelsüß

## ZUM VERFEINERN
Zitrone, Joghurt, Petersilie, Mais

# Fleischgerichte

**FRISCH DAZU
KRÄUTERBUTTER**
S. 16

## ZUTATEN

1 Tomahawk Steak (1-1,2kg)

750g Kartoffeln festkochend

Rosmarin, Thymian

Kräuterbutter

Salz

Pfeffer

Kräutersalz

Haasis Gold

**1**

750g **Kartoffeln** festkochend waschen und halbieren, große **Kartoffeln** vierteln. Alles auf ein Blech mit Backpapier. Mit **Rosmarin** und **Thymian** belegen. Mit **Salz**, **Pfeffer** und **Haasis Gold** würzen. Alles gut mischen.

**2**

**Kartoffeln** bei 205°C Heißluft plus Grill und gering Dampf für 22 min garen. Herausnehmen und beiseite stellen. 10 min bevor das **Fleisch** fertig ist, die **Kartoffeln** unter das **Fleisch** in den Ofen schieben und erwärmen.

**3**

**Steak** mit **Salz**, **Pfeffer**, **Kräutersalz** und dem Öl von **Haasis Gold** würzen.

# TOMAHAWK STEAK
**Western Style**

- 25 MIN + 1,5 H GARZEIT
- LEICHT
- 2 PORTIONEN
- DAMPFZUGABE

**TIPP**
Man kann auf diese Weise jedes andere Steak zubereiten. Ein Tomahawk Steak ist nichts anderes als ein Rib-Eye Steak mit langem Knochen.

Man kann die Kartoffeln auch mit Reismehl bestreuen. So werden Sie knuspriger.

**4**

**Steak** von beiden Seiten auf dem Grill oder in der Pfanne scharf anbraten. Im Ofen bei Niedertemperatur 80°C für ca. 1½ Std. garen.
Wenn vorhanden, Kerntemperaturfühler auf 56°C einstellen.

# Fleischgerichte

**1**

**Entenbrust** mit der Hautseite nach unten ins Gefrierfach legen. Nach **10 min** rausholen. Da die Haut angefroren ist, kann man sie schön fein einschneiden.

**2**

**Entenbrust** zuerst auf der Hautseite ohne Öl anbraten. Die Haut enthält genügend Fett zum Anbraten. Wenden und die andere Seite anbraten.

**3**

**Entenbrust** abkühlen lassen. In einem **Beutel** verschweißen und im Dampfgarer bei 65°C 1 Std. sous vide Garen. Alternativ bei Niedertemperatur 80°C auf 65°C Kerntemperatur bringen. Wenn die **Brust** fertig gegart ist, noch mal kurz auf den Grill legen.

**4**

**Rotkraut** in Streifen schneiden und mit **Salz**, **Pfeffer**, **Zucker**, **Zimt**, **Lorbeerblätter**, **Rotwein**, **Apfelmus**, **Johannisbeergelee**, **Essig** und **Orangensaft** marinieren. Idealerweise wird schon am Vortag mariniert.

**5**

**Rotkraut** in einem tiefen Behälter bei 100°C 1 Std. dämpfen. **Kartoffelstärke** mit Wasser anrühren und zum **Rotkraut** gießen. Deckel drauf und nochmal 1 Std. dämpfen.

**6** *KARTOFFELGRATIN*

**Kartoffeln** waschen, schälen und in Scheiben schneiden. Mit **Butter** schichten und mit **Haasis Gold**, **Salz**, **Pfeffer** und **Muskat** würzen. Milch dazugeben und wer möchte noch **Bergkäse** oder **Emmentaler**.

Bei 200°C Heißluft mit Grill und gering Dampf 45 min garen.

# ENTENBRUST
## mit Kartoffelgratin und Rotkraut

- 1 H + 2 H GARZEIT
- SCHWER
- 4 PORTIONEN
- DAMPFGARER

**TIPP**
Rotkraut immer auf Vorrat herstellen und wieder erwärmen. Es empfiehlt sich, das Rotkraut schon am Vortag zu marinieren, wie in Schritt 4 beschrieben.

Beim Anbraten die Entenbrust auf eine kalte Grillplatte / Pfanne legen. So tritt das Fett besser aus.

## ZUTATEN

2 Entenbrüste

Vakuumierbeutel

### ROTKRAUT

1 kl. Kopf Rotkraut

1 EL Salz

1 TL Pfeffer

2 EL Zucker

1 TL Zimt

3 Lorbeerblätter

300ml Rotwein

4 Wacholderbeeren

1 Glas Apfelmus

2 EL Johannisbeergelee

200ml Essig

200ml Orangensaft

2 EL Stärke (zuvor mit Wasser anrühren)

### KARTOFFELGRATIN

800g Kartoffeln (festkochend)

400ml Milch

1 TL Haasis Gold

1 TL Salz

10g Butter

Prise Pfeffer

Prise Muskat

200g Käse nach Wunsch (Bergkäse, Emmentaler... oder gemischt)

# Fleischgerichte

**1**

Gehackte Zwiebel und gehackte Petersilie mit dem Öl von Haasis Gold in der Pfanne anschwitzen. Hackfleisch mit Semmelbrösel und Eier kneten. Mit Salz, Pfeffer, Chili und Paprika kräftig abschmecken. Zwiebel und Petersilie dazugeben und nochmal gut kneten bis ein kompakter Teig entsteht.

**2**

Kartoffeln schälen und in größere Würfel schneiden. Mit Pfeffer, Salz und Muskat abschmecken. Butterflocken dazugeben.

**3**

Kartoffeln in einen Topf geben und mit Milch begießen. Dampfgarer auf 100°C einstellen. Gitterrost auf Einschubhöhe 2 einschieben. Topf mit Kartoffeln in den Dampfgarer geben und 40 min dämpfen.

**4**

Hackfleischmasse in gleichgroße Küchle formen. In Semmelbrösel wenden. Die Küchle von beiden Seiten in Öl wenden und auf ein Blech geben. Im Ofen bei 170°C Heißluft und Grill mit mittel Dampf 30 min garen und nach 15 min wenden.

**5**

Weiche Kartoffeln aus dem Dampfgarer nehmen. Etwa die Hälfte der Milch in eine Tasse schütten. Die Kartoffeln stampfen. Nach Bedarf die entnommene Milch dazu gießen bis ein sämiges Püree entsteht. Erbsen, Minze oder Chili dazugeben.

**6**

Fleischküchle aus dem Ofen nehmen.

Püree auf einem Teller mittig anrichten. Mit dem Öl von Haasis Gold beträufeln und nach Geschmack noch Paprika oder Chili darüber streuen. Fleischküchle oben darauf anrichten und mit Speckchips garnieren.

# FLEISCHKÜCHLE
## mit Kartoffelpüree und Speckchips

- 40 MIN + 70 MIN GARZEIT
- SCHWER
- 4 PORTIONEN
- DAMPFGARER

**TIPP**
Man kann die Kartoffeln auch klassisch in Wasser weich kochen und mit heißer Milch angießen. Die Semmelbrösel können auch durch ein altes eingeweichtes Brötchen ersetzt werden. Als Garnitur eignen sich die Speckchips hervorragend.

## ZUTATEN

### FLEISCHKÜCHLE

600g gemischtes Hackfleisch von Rind und Schwein

150g Semmelbrösel *oder 1 altes Brötchen in Wasser eingeweicht und ausgedrückt*

2-3 Eier je nach Größe.

1 Zwiebel gehackt

½ halber Bund Petersilie gehackt

Salz, Pfeffer, Paprika edelsüß

1 EL Haasis Gold

1 Chili (wer nicht so scharf will, entkernt und gehackt. Ansonsten die Kerne mit verwenden)

### KARTOFFELPÜREE

1,5kg Kartoffeln mehlig kochend

400ml Milch

30g Butter

50g gefrorene Erbsen
Salz, Pfeffer, Muskat

1 Blatt Minze

### SPECKCHIPS

siehe Seite 23

# Fleischgerichte

**1**

**Tafelspitz** oder **Rinderbrust** mit klein geschnittenen **Karotten, Zwiebeln, Nelken**, halbe **Knollensellerie**, halber **Lauch, Lorbeerblätter, Wacholderbeeren** und **Pfefferkörner** in ein tiefes Blech legen. 3,5l kaltes Wasser dazugeben, gut salzen. Blech 2,5 Std bei 98°C Dampf in den Dampfgarer geben und.

**2**

**Kartoffeln** schälen und in Würfel schneiden. **Karotten** und **Knollensellerie** schälen und in Scheiben schneiden. **Lauch** in Ringe schneiden.

**3**

Blech aus dem Ofen nehmen. **Fleisch** aus dem Blech nehmen. Brühe durch ein Sieb passieren.

**Kartoffeln** mit dem **Gemüse** auf das Blech legen, mit 700ml Brühe aufgießen und kräftig abschmecken. Bei 98°C Dampf nochmal 35-40 min dämpfen.

**4**

**Fleisch** in Würfel schneiden und zu den **Kartoffeln** geben. **Spätzle** herstellen und zum **Fleisch** und den Kartoffeln geben. Alles nochmal für 10 min in den Dampfgarer geben bei 98°C Dampf garen.

**5**

**Zwiebel** in feine Würfel schneiden und in einer Pfanne mit reichlich Öl dunkelbraun anschwitzen.

**6**

**Fleisch, Kartoffeln** und **Spätzle** in einem Teller anrichten. Brühe mit **Salz, Pfeffer, Muskat** und **Haasis Gold** kräftig abschmecken und dazu gießen. **Schmelzzwiebeln** dazugeben und mit **Schnittlauch** anrichten.

# GAISBURGER MARSCH

### der König der Eintöpfe

- 1 H + 3 H GARZEIT
- SCHWER
- 4 PORTIONEN
- DAMPFGARER

**Zubereitung Spätzle**
Eier und Wasser mit dem Schneebesen aufschlagen. Mehl langsam hinzufügen und mit einem Kochlöffel verrühren, bis eine kompakte Masse entsteht. So lange schlagen, bis es Blasen wirft. Mit Spätzlehobel oder -drücker ins heiße Wasser hobeln. Wenn die Spätzle schwimmen, mit einem Drahtlöffel aus dem Wasser nehmen und zum Abschrecken in kaltes Wasser legen. Anschließend im Sieb abgießen.

**TIPP**
Bitte ein tiefes Blech verwenden. Im Notfall geht auch ein Bräter.

## ZUTATEN

1,5kg Rinderbrust oder Tafelspitz

4 Karotten (2 für Brühe, 2 für die Kartoffeln)

1 Knollensellerie (Hälfte für Brühe, andere für Kartoffeln)

600g Kartoffeln festkochend

1 Stange Lauch (Hälfte für Brühe, andere für Kartoffeln)

3 Zwiebeln
(2 mit Schale für Brühe, 1 für Schmelzzwiebeln)

1 Bund Schnittlauch

3 Lorbeerblätter

Salz, Pfeffer, Wacholder, Pfefferkörner, Gewürznelken

Öl zum Anbraten

**SPÄTZLE**

4 Eier

100ml Wasser

300g (Spätzle)mehl/Dunst

1 EL Salz
(Für das Wasser)

1 TL Salz
(Für den Teig)

# Fleischgerichte

**KARTOFFELPÜREE**

**1**

Kartoffeln schälen und in grobe Würfel schneiden. Mit **Milch** angießen und im Dampfgarer 40 min mit 100°C Dampf garen. Wenn die **Kartoffeln** weich sind, die Hälfte der **Milch** in eine Tasse geben. Dann **Kartoffeln** mit **Butter** zerstampfen und **Milch** dazu gießen bis ein feines Püree entsteht.

**2**

**Speck** in feine Würfel schneiden und in einer Pfanne anbraten bis das Fett ausgelaufen ist. **Speck** etwas erkalten lassen und dann zur **Kräuterbutter** geben.

**3**

Aus dem **Toastbrot** mit einer Reibe feine Brösel auf ein Blech mit Backpapier reiben. Die Brösel mit **1 EL Rapsöl, Haasis Gold und Paprika edelsüß** mischen. Im Ofen bei 180°C Heißluft ca. 5 min rösten bis die Brösel eine hellbraune Farbe haben. Herausnehmen und erkalten lassen.

**4**

**Paprika** jeweils in grobe Würfel schneiden, **Zwiebel** in Halbmonde. **Tomaten** halbieren und die **Chili** mit Kernen hacken. **Paprika**, die **Zwiebel** und zum Schluss die **Kirschtomaten** in **Haasis Gold** anbraten. Mit dunklem **Balsamico Essig** und **Vinaigrette** ablöschen und etwas einkochen lassen. **Chili** je nach Belieben zugeben.

**5**

**Hähnchenbrust** der Länge nach einschneiden, sodass eine Tasche entsteht. Eine fingerdicke Scheibe Kräuterbutter einlegen und die Tasche verschließen. Alles 5 min ins Gefrierfach legen. Dann die **Hähnchenbrust** mit **Mehl**, zerschlagenem **Ei** und gerösteten Bröseln panieren.

**6**

**Hähnchenbrust** im Ofen auf einen Gitterrost legen. Ein geschlossenes Blech mit Backpapier darunter einschieben. **Hähnchen** bei 160°C und gering Dampf für ca. 20 min garen. **Hähnchen** herausnehmen. Das Püree auf einem Teller anrichten und im Ofen regenerieren. Nach 8 min **Hähnchen** dazulegen und nochmal kurz erwärmen. Mit **Paprikagemüse** anrichten.

# HÄHNCHEN KIEW
## gefüllt mit Peperonata Gemüse und Kartoffelpüree

- 55 MIN + 40 MIN GARZEIT
- SCHWER
- 2 PORTIONEN
- DAMPFGARER

**TIPP zu Schritt 1**
Man kann die Kartoffeln auch klassisch in Wasser weich kochen und mit heißer Milch angießen. Die Semmelbrösel können auch durch ein altes eingeweichtes Brötchen ersetzt werden. Als Garnitur eignen sich die Speckchips hervorragend.

**TIPP zu Schritt 3**
Es können vielerlei Lebensmittel wie Gemüse oder Fisch auf diese Weise paniert werden. Somit spart man sich das Anbraten im Fett.

## ZUTATEN

### HÄHNCHENBRUST
1 Hähnchenbrust (ca. 250g - 300g)

Kräuterbutter (siehe Seite 16)

4 Scheiben Toastbrot

Rapsöl

Haasis Gold

Paprika edelsüß

1 Ei und 1 EL Mehl (zum Panieren)

2 Scheiben Speck

### KARTOFFELPÜREE
1,5kg Kartoffeln (mehlig kochend)

400ml Milch

30g Butter

Salz, Pfeffer, Muskat

### PEPERONATA GEMÜSE
1 rote und gelbe Paprika

200g Kirschtomaten

200ml Vinaigrette (siehe Seite 13)

1 rote Zwiebel

½ Chili mit Kernen

Haasis Gold

2 EL Balsamico Essig

# Fleischgerichte

**1**

Hähnchenkeule am Gelenk durchschneiden. Aus den **Gewürzen** eine Paste zusammenrühren.

**2**

**Festkochende Kartoffeln** schälen und zu **Pommes** schneiden. Dann die geschnittenen **Kartoffeln** für 30 min in kaltes Wasser legen, damit die Stärke aus der **Kartoffel** geschwemmt wird.

**3**

**Hähnchenteile** mit der **Gewürzpaste** kräftig einpinseln. **Hähnchen** auf einen Gitterrost legen. Unter den Gitterrost ein Blech mit Backpapier und ein angefeuchtetes Küchenpapier legen. Dieses saugt das ausgetretene Fett auf und es spritzt nicht im Ofen.

**4**

Pommes aus dem Wasser nehmen und mit einem Geschirrtuch trocken tupfen. **Öl** von **Haasis Gold** und **Kräutersalz** darüber streuen. Alles mit **Reismehl** bestäuben. **Pommes** sollten mit dem **Mehl** bedeckt sein. Das gibt nachher eine schöne Kruste.

**5**

Pommes auf ein Blech mit Backpapier im Ofen bei 205°C Heißluft plus Grill und gering Dampf ca. 30 min garen bis sie schön braun und kross sind.

**6**

Gewürztes **Hähnchen** bei 160°C Heißluft mit mittel Dampf 35 min garen. Das Blech unter das **Hähnchen** schieben. Nach 20 min das **Hähnchen** umdrehen und **Brokkoli** mit aufs Gitter geben. Unteres Blech rausnehmen und **Pommes** darunter schieben zum Erwärmen. Das **Hähnchen**, **Brokkoli** und die Pommes nochmal 15 min fertig garen.

# HÄHNCHENKEULE
## mit Pommes und gebackenem Brokkoli

- 35 MIN + 65 MIN GARZEIT
- LEICHT
- 2 PORTIONEN
- DAMPFZUGABE

**TIPP**

Pommes können auch unter das Hähnchen geschoben werden und somit gleichzeitig garen, dann aber alles bei Heißluft ohne Grill und gering Dampf. Somit gart es auf allen Ebenen.

Wer will, kann zu den Pommes noch Paprika, Curry oder sonstige Gewürze und Öle dazugeben.

## ZUTATEN

2 Hähnchenkeulen

6 große Kartoffeln festkochend

2 Brokkoli

Kräutersalz

2 EL Reismehl

## GEWÜRZPASTE

1 EL Senf

1 EL Ketchup

1 EL Honig

Haasis Gold

Prise Curry, Paprika, Pfeffer, Salz

# Fleischgerichte

**1** Hähnchenbrust mit **Kräutersalz** würzen. **Toastbrot** fein reiben und **Zitronenschale** in das **Toastbrot** reiben.

**2** Die 2 Tassen **Reis** mit 3 Tassen Wasser im Dampfgarer 20 min dämpfen.

**3** **Hähnchenbrust** mit **Erdnussbutter** von beiden Seiten einstreichen. Mit geriebenem **Toastbrot** panieren.

**4** Panierte **Hähnchenbrust** auf Gitterrost legen und mit **Rapsöl** bestreichen oder darin wenden. Geschlossenes Blech mit Backpapier und feuchtem Küchenpapier unter den Gitterrost schieben.

Alles im Ofen bei 200°C Heißluft und gering Dampf für 20 min garen bis es schön braun ist.

**5** Gekochter **Reis** in eine große Pfanne geben. **Avocado** dazugeben und alles gut mischen.

**6** **Nüsse, Lauchzwiebel** und etwas **Erdnussbutter** in den **Avocadoreis** geben und alles gut vermischen. Bei Bedarf etwas Wasser, Zitronensaft oder Brühe hinzufügen. Kräftig mit **Kräutersalz, Chili** und **Minze** abschmecken.

# ZITRONENHÄHNCHEN
## auf Avocado-Nussreis

- 30 MIN + 40 MIN GARZEIT
- MITTEL
- 2 PORTIONEN
- DAMPFGARER

**TIPP**
Sehr gut eignet sich auch Reis mit Erbsen oder Spargel.

## ZUTATEN

### REIS
2 Tassen Basmati Reis

1 Lauchzwiebel
(oder ½ Lauchstange)

1 Chili rot

1 Avocado

100g Nüsse Mix

frische Minze

### FLEISCH
1 EL Erdnussbutter

1 Hähnchenbrust

4 Scheiben Toastbrot

1 Zitrone

100ml Rapsöl

Kräutersalz

# Fleischgerichte

**1**
Das **Gemüse** schälen und schneiden. Dann mit dem **Aktivator** aktivieren und mit **Kräutersalz** und **Haasis Gold** würzen.

**2**
**Zwiebel** und **Petersilie** in **Butter** oder **Öl** anschwitzen. **Milch** erhitzen und über das **Knödelbrot** geben. **Eier**, **Zwiebel** und **Petersilie** dazugeben. Mit **Salz**, **Pfeffer** und **Muskat** gut abschmecken.

**3**
**Hähnchenbrust** in einer Pfanne mit Haasis Gold von allen Seiten scharf anbraten.

**4**
Klarsichtfolie auf einem Brett auslegen. Semmelknödelteig auf der Folie verteilen. **Hähnchenbrust** darauflegen und im Semmelknödelteig einrollen.

**5**
**Gemüse** auf ein Lochblech geben und bei 100°C für 10 min dämpfen. Das **Gemüse** sollte noch Biss haben.
Das Blech kann später unter den **Knödel** geschoben werden oder einfach **Gemüse** zum **Knödel** dazulegen.

**6**
**Semmelknödel** im Dampfgarer 30 min bei 100°C dämpfen. Nach 20 min das **Gemüse** unter den **Semmelknödel** in den Dampfgarer zu geben.

# HÄHNCHENBRUST
## im Semmelknödelmantel

- 30 MIN + 30 MIN GARZEIT
- LEICHT
- 2 PORTIONEN
- DAMPFGARER

**TIPP**

Man kann das Gemüse auch vorher dämpfen und dann mit kaltem Wasser abschrecken, damit die Farbe erhalten bleibt.

Gemüse in der Pfanne anbraten und etwas Sahne oder Creme Fraîche und Kräuter dazugeben.

Wenn man es ganz knusprig haben will, kann man auch den ganzen Knödel noch angrillen.

Geht auch mit Schweinefilet oder Lammrücken.

## ZUTATEN

1 Hähnchenbrust

400g Knödelbrot

350ml Milch

3 Eier

1 Kleine Zwiebel

½ Bund Petersilie

Salz, Pfeffer, Muskat

Kräutersalz

Haasis Gold

2 Karotten

4 Stangen Spargel

1 Brokkoli

1 Kohlrabi

Butter

Aktivator
(siehe Seite 14)

# Fleischgerichte

**1**

Karotte, Lauchzwiebel, Paprika und rote Zwiebel in kleine Würfel schneiden. Mit Öl von Haasis Gold in einem Topf anschwitzen. Es kann auch jedes andere Gemüse, das vorrätig ist, genommen werden.

**2**

Bratenreste oder Geflügelreste in kleine Stücke schneiden oder zupfen. Alles zum angeschwitzten Gemüse geben und mit Brühe und Bratensoße angießen. Frische Kräuter und Kräutersalz dazu geben. Alles einkochen lassen.

**3**

Auflaufform mit Butter ausstreichen. Semmelbrösel einstreuen und gleichmäßig in der Auflaufform verteilen. Reste vom Kartoffelpüree auf Boden und Wände verteilen.

**4**

Die Bratenreste in der Soße auf die Kartoffeln geben. Kartoffelpüree Reste auf die Soße geben bis alles bedeckt ist. Wieder Semmelbrösel und Butterflocken, am besten Kräuterbutter, darüber verteilen.

**ZUCCHINISALAT**

**5**

Karotten, grüne und gelbe Zucchini mit dem Schäler in Streifen schneiden. Alles mit Vinaigrette anmachen.

**6**

Alles in den Ofen geben und bei Heißluft und 180°C mit gering Dampf für etwa 50-60 min backen. Wenn der Pie fertig ist, sollte der Kartoffelteig knusprig und gut gebräunt sein.

45

# SHEPARDS PIE
## mit Zucchinisalat

- 30 MIN + 1 H GARZEIT
- MITTEL
- PORTIONEN 4
- DAMPFZUGABE

**TIPP**

Shepards Pie ist ein hervorragendes Resteessen. Kartoffelpüree kann auch durch geriebene Pellkartoffeln ersetzt werden. Vegetarier können auch nur Gemüse nehmen und die Bratensoße durch Tomatensoße ersetzen.

Beschreibung für Kartoffelpüree s. Rezept Hähnchen Kiew. (siehe Seite 37)

Als Bratenreste können Reste von Geflügel oder auch Wurstreste verwendet werden.

## ZUTATEN

500g Kartoffelpüree (siehe Seite 37)

300g Bratenreste

2 Karotten

2 Zucchini (grün + gelb)

1 rote Zwiebel

1 Lauchzwiebel

1 Paprika

Kräutersalz

Thymian, Rosmarin

200ml Bratensoße (siehe Seite 22)

100ml Brühe

Haasis Gold

200ml Vinaigrette (siehe Seite 13)

20g Semmelbrösel

20g Butter oder Kräuterbutter

# Fleischgerichte

**1**

Hackfleisch mit Quark, Wasabi und Erdnussbutter gut verkneten, bis eine kompakte Masse entsteht. Mit Salz, Pfeffer, Paprika und Haasis Gold kräftig abschmecken.

**2**

Schweinefilet von den Sehnen befreien. Dann mit Salz, Pfeffer und Haasis Gold gut abschmecken. Wer will, kann es vorher noch kurz scharf anbraten. Ist aber nicht unbedingt notwendig.

**3**

Auf einem Brett zwei Bahnen Klarsichtfolie nebeneinander auslegen. Dann Baconstreifen so auslegen, dass sie noch etwas überlappen. Anschließend die Hälfte vom Hackfleisch darauf streichen. Schweinefilet daraufsetzen.

**4**

Die zweite Hälfte vom Hackfleisch auf das Schweinefilet streichen, so dass es komplett mit Hackfleischmasse bedeckt ist.

**5**

Mit Hilfe der Klarsichtfolie von einer Seite alles aufrollen bis ein kompakter Braten entsteht.

Den Braten auf ein beschichtetes, geöltes oder mit Backpapier belegtes Blech legen.

**6**

Braten bei 90°C durch Niedertemperatur/ Sanftgaren auf eine Kerntemperatur von 53°C bringen (Dauer ca. 35 min). Dann den Ofen auf Heißluft plus Grill/Thermogrillen und 205°C mit gering Dampf schalten. Den Braten bis zu einer Kerntemperatur von 60°C erhöhen (dauer ca. 10 min). Bei 65°C Kerntemperatur ist das Filet komplett durch.

# SCHWEINEFILET
## im Wasabi-Erdnussmantel

- 45 MIN + 45 MIN GARZEIT
- LEICHT
- 4 PORTIONEN
- DAMPFZUGABE

## ZUTATEN

500g gemischtes Hackfleisch

10g Wasabipaste

70g Erdnussbutter

Salz, Pfeffer

geräucherter Paprika

Haasis Gold

150g Quark

24 Streifen Bacon

1 Schweinefilet

# Fleischgerichte

**1**

Weißkraut in Rauten schneiden, mit **Aktivator** bestreuen und gut verkneten. 30 min einwirken lassen.

**2**

Geräucherten **Bauchspeck** in Würfel schneiden und in einer heißen Pfanne ohne Öl das Fett auslassen.

Die **Zwiebel** dazugeben und das Ganze gut anschwitzen.

**3**

**Kraut** auf einem Blech verteilen. Ausgelassenen **Speck** und **Zwiebel** darauf verteilen. Mit **Kräutersalz, Kümmel** und **Haasis Gold** würzen. Mit **Essig** und **Gemüsebrühe** angießen.

**4**

Für das Würzen der **Schweinshaxe** eine Paste aus: **Chilipulver, Senf, Haasis Gold, Pfeffer, Kräutersalz, Paprika edelsüß, Honig, Kümmel,** frischer **Thymian** und **Majoran** herstellen. **Haxe** mit der Paste kräftig einpinseln.

**5**

Haxe auf einen Gitterrost legen, Einschubhöhe 3. Das **Weißkraut** darunter einschieben. Ofen auf 160°C Heißluft mit stark Dampf einstellen und alles 45 min garen. Dann das **Kraut** herausnehmen. Eventuell mit **Kartoffelstärke** noch etwas anbinden.

**6**

Ein Blech mit Backpapier und feuchtem Küchentuch darunter schieben. Temperatur auf 180°C und gering Dampf einstellen. Die **Haxe** noch 45 min (auf Kerntemperatur 85°C) weitergaren. Kurz vor dem Garende **Kraut** zum Erwärmen wieder in den Ofen geben.

# SCHWEINSHAXE

## mit Bayrisch Kraut

- 20 MIN + 90 MIN GARZEIT
- LEICHT
- PORTIONEN 2
- DAMPFZUGABE

**TIPP**
Die Haxe kann auch durch einen Krustenbraten (Schweineschulter) ersetzt werden. Dann bitte die Kerntemperatur anpassen. Wer möchte, dass das Fett besser ausläuft, ritzt am besten die Schwarte ein.

## ZUTATEN

500g Weißkraut

2 Scheiben geräucherter Bauchspeck

1 große Zwiebel

200ml Gemüse- oder Rinderbrühe

2 Schweinshaxen (Portionshaxen)

1 EL Senf

1 TL Honig

Aktivator, Kräutersalz, Pfeffer, Paprika edelsüß, Chilipulver

Kümmel, Majoran, Thymian, Haasis Gold,

# Fleischgerichte

## ETWAS BESONDERES

### ZUTATEN

2,5kg Spanferkelkeule ohne Knochen oder Rollbraten

**MARINADE**
1 EL Paprika Edelsüß
Kräutersalz
2 EL Honig
1 EL Senf
Salz und Pfeffer
Kümmel

**BÖHMISCHE KNÖDEL**
200ml Wasser
10 Hefe
500g Mehl
1 TL Salz
2 Eier
4 Scheiben Toastbrot
Kräuterbutter (siehe Seite 16)

**KRAUTSALAT**
1 Kopf Weißkraut oder Spitzkraut (ca. 400g)
1 EL Aktivator (siehe Seite 14)
2 EL Essig
2 EL Schmand
½ Chilischote (wer scharf mag mit Kernen)
1 kl. Ananas in Stücke geschnitten

### BÖHMISCHE KNÖDEL

**1**
Wasser und Milch mit Salz, Pfeffer und Zucker leicht erwärmen, Hefe darin auflösen. Mehl dazugeben und zu einem festen Teig kneten. Man kann auch optional noch 2 Eier dazugeben.

**2**
Toastbrot in feine Würfel schneiden. Mit Kräuterbutter kross anrösten und zum Teig geben. Alles gut verkneten und bei Gärstufe gehen lassen. Danach zu einer Rolle formen und in Klarsichtfolie wickeln. Auf einem Lochblech im Dampfgarer bei 100°C für 30 min garen.

**3**
Gewürze, Honig, Senf, Kümmel und Öl zu einer Paste verrühren. Spanferkel damit einreiben. Bei 130°C Heißluft und stark Dampf 100 min garen. (Alternativ auf 70°C Kerntemperatur.) Dann Hitze erhöhen auf 200°C ohne Dampf und nochmal 20 min kross braten. (Alternativ auf 74°C Kerntemperatur.)

# SPANFERKEL
## mit Krautsalat und Böhmischen Knödeln

- 20 MIN + 2 H GARZEIT
- MITTEL
- 4 PORTIONEN
- DAMPFZUGABE

**Tipp**
Spanferkelrollbraten kann durch Keule ersetzt werden. Am besten Knochen auslösen lassen. Das ist vom Handling her einfacher. Der edelsüße Paprika kann auch durch geräucherten Paprika ersetzt werden.

Varianten:
Wer möchte, kann beim Krautsalat auch Ananas und Pfirsich aus der Dose nehmen (incl. dem Saft aus der Dose). Auch können Mandarinen oder Äpfel verwendet werden.

Orangensaft, Salz und Pfeffer, je nach Geschmack zugeben.

## KRAUTSALAT

**4**

Weißkraut in Streifen schneiden. Mit **Aktivator** aktivieren und 10 min stehen lassen. Das **Kraut** auf ein Blech legen und für 30 min unter das **Spanferkel** schieben. Dann herausnehmen und noch warm, **Essig, Schmand, Chili, Pfeffer** und Ananas aus der Dose mit Saft untermengen.

# Fleischgerichte

**1** Kartoffeln schälen und in dünne Scheiben schneiden. **Gemüsebrühe** herstellen. **Zwiebel** schälen und fein hacken. **Gurke** in Scheiben schneiden. **Radieschen** putzen und in Scheiben schneiden.

**2** **Kartoffeln** in eine Schale geben und **Zwiebeln** darauf verteilen. **Gemüsebrühe** angießen und alles gut vermengen. 35 min bei 100°C im Dampfgarer dämpfen.

**3** **Kartoffeln** mit **Schweinerücken** für 35 min bei 100°C Dampfgaren in den Ofen geben. Wer es würzig will, gibt das **Fleisch** in ein Lochblech und stellt den Kartoffelsalat genau darunter. Somit tropft der Saft vom **Fleisch** in den Kartoffelsalat. Wenn es am Ende zu viel Flüssigkeit ist, einfach abschütten.

**4** Wenn die **Kartoffeln** weich sind, aus dem Dampfgarer nehmen. **Senf**, **Essig** und Vinaigrette dazugeben. Bei Bedarf etwas nachwürzen. Wenn die **Kartoffeln** kalt sind, **Gurke** und **Radieschen** dazugeben.

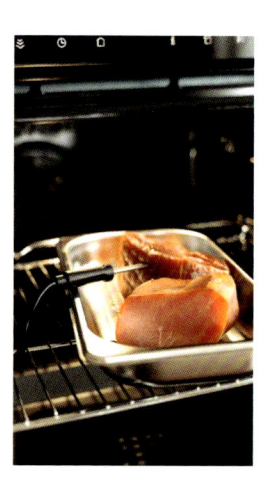

**5** Ofen auf 160°C Heißluft stark Dampf einstellen. (Alternativ auf 78°C Kerntemperatur.)

Wer es knusprig mag, kann zum Schluss das Grillprogramm verwenden.

# SCHWEINERÜCKEN
## mit Kartoffel-Gurkensalat

- 20 MIN + 2 H GARZEIT
- MITTEL
- 4 PORTIONEN
- DAMPFGARER

**Tipp**
Beim Kartoffelsalat nicht von Anfang an Essig dazu geben.

Man kann auch Schweineschäufele / Schulter geraucht nehmen

## ZUTATEN

1kg Kartoffeln festkochend

200ml Gemüse- oder Rinderbrühe

1 große Zwiebel

2 EL Rapsöl

3 EL Essig

1 EL Senf mittelscharf

100ml Vinaigrette (siehe Seite 13)

½ Gurke

4 Radieschen

1kg Schweinerücken gepökelt und geraucht

**Oder:** Schweineschulter gepökelt und geraucht

# Fleischgerichte

**1**

Rote Currypaste mit Kokosmilch in einem Topf leicht köcheln lassen, damit sich die Paste gut auflöst. Mit einem Schneebesen gut durchrühren.

Lammhüfte in 4-6 gleichgroße Würfel schneiden und auf einen Spieß stecken.

**2**

Rapsöl und geröstetes Sesamöl auf ein Brett gießen und Gewürze darin vermengen. Lammspieß im gewürzten Öl wenden, damit alles Fleisch gut mariniert ist.

**3**

Gewürzten Lammspieß auf einer Grillplatte oder Pfanne von beiden Seiten scharf anbraten. Dann mit weißem und schwarzem Sesam von beiden Seiten bestreuen.

**4**

Zucchini in einen Spiralschneider geben und Zoodles (Zucchininudeln) herstellen.

Zoodles mit Kräutersalz und Haasis Gold kräftig würzen.

**5**

Lammspieß in ein gelochtes Dampfblech geben. Zoodles in einem geschlossenen Blech darunter schieben. Ofen auf 130°C mittel Dampf. Beides 15 min garen. Mit der Currysoße anrichten.

# LAMMSPIESS
## in Sesam auf Zoodles in Currysoße

- 20 MIN + 2 H GARZEIT
- LEICHT
- 2 PORTIONEN
- DAMPFZUGABE

**TIPP**
Zucchini kann auch durch Karotte, Kohlrabi, Kürbis oder Rote Bete ersetzt werden. (Diese haben allerdings eine längere Garzeit)

Lammhüfte kann durch Hähnchen, Pute oder Rindfleisch ersetzt werden.
Nicht zu heiß anbraten, da geröstetes Sesamöl einen niedrigen Rauchpunkt hat.

Geröstetes Sesamöl kann man auch erst später zum Marinieren hinzufügen.

## ZUTATEN

400g Lammhüfte

1 EL rote Currypaste

Haasis Gold

500ml Kokosmilch

2 Zucchini

Weißer und schwarzer Sesam

Kräutersalz

Rapsöl

1 TL geröstetes Sesamöl

Spieß

Beim Fisch verhält es sich wie beim Fleisch. Der Dampf sorgt dafür, dass der Fisch nicht austrocknet.

Fischfilets bitte vorher immer nass einwürzen, d.h. ca. 1 Stunde in Salzwasser legen. Dabei wird 35-45g Salz auf 1 Liter Wasser verwendet. Das Salzwasser dringt in den Fisch ein, und somit hat man immer einen saftigen Fisch.

**TIPP**
Wenn Fisch gedämpft wird, sollte das nicht über 78°C geschehen. Sonst flockt das Eiweiß aus.

| | |
|---|---|
| **Lachsfilet** | 60 |
| **Gegarter Lachs** | 62 |
| **Lachstartar** | 64 |
| **Mango Nudeln** | 66 |
| **Meerbarbe** | 68 |

# FISCH

Gegarter Lachs | S. 62

# Fisch

**1** Frisches **Lachsfilet** in Salzwasser legen (40g **Salz** auf 1 L Wasser). Mindestens 45 min darin liegen lassen. Das Salzwasser gart den **Fisch** schon vor, so bleibt er schön saftig und wird nicht trocken.

**2** **Toastbrot** entrinden, und in kleine Würfel schneiden. **Rucola** waschen. **Rucola** und **Toastbrot** in einen Mixer und weiche **Butter** dazugeben. Mit **Kräutersalz**, **Pfeffer**, **Chili** und **Haasis Gold** mixen. Es sollte eine feste Masse entstehen. Wenn sie zu weich ist, noch etwas **Semmelbrösel** dazugeben. Falls sie zu fest ist, noch **Butter** zugeben.

**3** Masse auf ein Backpapier geben. Ein zweites Papier darüber legen und mit dem Nudelholz zu einer fingerdicken Platte ausrollen. Man kann auch einen Gefrierbeutel nehmen und die Masse darin ausrollen. Die ausgerollte Masse in ein Gefrierfach legen und anfrieren lassen.

**4** **Brokkoli** putzen und aktivieren. **Kartoffeln** schälen und halbieren. Bei 100°C und stark Dampf 10 min andampfen. Dann **Brokkoli** dazugeben und nochmals 5 min dämpfen. **Brokkoli** mit kaltem Wasser abschrecken, damit er die Farbe behält.

**5** **Lachsfilet** auf der Hautseite kurz anbraten (Wenn noch vorhanden). Auf ein Blech mit Backpapier legen. **Kartoffeln**, **Brokkoli**, **Kirschtomaten** und **Oliven** dazugeben. Mit **Kräutersalz**, **Pfeffer** und **Haasis Gold** würzen. Toastbrot Masse aus der Tiefkühltruhe nehmen und auf den **Fisch** legen.

**6** Alles in den vorgeheizten Ofen geben. Bei 205°C Heißluft mit Grill und gering Dampf für etwa 10 – 15 min garen, bis die Kruste eine schöne Farbe hat.

# LACHSFILET
## mit Rucolakruste

- 40 MIN + 30 MIN GAR-
- 4 PORTIONEN
- SCHWIERIGKEIT
- METHODE

**TIPP**

Die Kruste kann auch mit Kräutern, Lauch, getrockneten Tomaten und Fenchel hergestellt werden.

Am besten immer mehr machen und die restlichen Krusten einfrieren. Sie können auch für Fleisch oder zum Überbacken von Aufläufen genutzt werden.

Fischfilets am besten immer nass einwürzen (in Salzwasser legen).

## ZUTATEN

800g frisches Lachsfilet

7 Scheiben Toastbrot

300g Rucola

90g Butter

1 EL Semmelbrösel

2 Brokkoli (ca. 300g)

300g Kirschtomaten

6 große Kartoffeln festkochend

1 kl. Glas Oliven ohne Steine

Kräutersalz, Pfeffer, Chili, Haasis Gold, Salz

Aktivator (siehe Seite 14)

**ZUM VERFEINERN:**
Lauch, Tomate, Kräuter

# Fisch

**1**

Lachsfilet mit Zitronenscheibe und Minze in einem Beutel vakuumieren. Dampfgarer auf 52°-54°C einstellen und Lachs mindestens 30 min garen.

**2** RISOTTO

Zwiebel oder Lauchzwiebel in feine Würfel schneiden. In einer Pfanne oder Topf Zwiebel mit Öl von Haasis Gold anschwitzen. Risottoreis dazugeben, mit dem Kochlöffel gut verrühren.

**3** RISOTTO

Reis und Zwiebel auf ein Blech geben und mit der Hälfte der Brühe für 15 min im Dampfgarer bei 100°C dämpfen.

**4** RISOTTO

Nach 15 min Weißwein, restliche Brühe, frisch geriebener Parmesan, Kräuter und Butter dazugeben und etwas mit Salz und Pfeffer nachschmecken. Den Risottoreis nochmals 5-10 min dämpfen. Sodass er noch leicht bissfest ist.

**5**

Lachs aus dem Vakuum Beutel nehmen.

Etwas Öl in die heiße Pfanne geben. Lachs zuerst mit der Hautseite nach unten anbraten. Kirschtomaten und Thymian dazugeben. Lachs wenden und alles nochmal kurz anbraten.

**6**

Auf dem Risotto anrichten und mit Parmesan abschmecken.

# GEGARTER LACHS
## mit Kräuter Risotto

- 40 MIN + 35 MIN GARZEIT
- MITTEL
- 2 PORTIONEN
- DAMPFGARER

**TIPP**

Als Reissorte für Risotto eignet sich am besten Arbonio, Vialone und Carnaroli Reis.

Wer will, kann zu den Tomaten noch etwas Zucker bzw. Puderzucker geben. Dann karamellisieren sie schöner und haben einen schönen Glanz.

Man kann den Fisch auch im Ofen anbraten.

Minze kann durch andere Kräuter ersetzt werden.

## ZUTATEN

### RISOTTO

350ml Gemüsebrühe

100g geriebener Parmesan

100ml Haasis Gold

1 Lauchzwiebel (oder Zwiebel)

300g Risottoreis

150ml Weißwein

Salz, Pfeffer

Schnittlauch, Petersilie, Dill

80g Butter

### LACHS

400g Frisches Lachsfilet

2 Blätter Minze

Zweig Thymian

10 Kirschtomaten

Öl

1 Zitrone

# Fisch

**1**

**Räucherlachs** in feine Streifen schneiden mit gehackten **Zwiebeln**, **Haasis Gold** und **Vinaigrette** zu einer homogenen Masse vermengen.

**2**

**Kartoffeln** schälen und auf einer Reibe in Streifen reiben. **Kartoffeln** in kaltes Wasser geben, damit die Stärke ausgewaschen wird. **Zucchini** auch in Streifen hobeln. **Kartoffeln** aus dem Wasser nehmen und gut ausdrücken. **Zucchini**, gehackte **Zwiebel**, **Haasis Gold** und **Kräutersalz** dazu mengen.

**3**

Zu der **Kartoffel-Zucchini** Masse ein **Eigelb** dazugeben. Alles vermengen und nochmal ein bisschen ausdrücken, damit die Masse nicht zu nass ist.

**4**

Wer hat, ein Lochblech nehmen und mit etwas Öl bestreichen. Ansonsten ein Backblech mit Backpapier belegen. Aus der Masse gleichmäßige Rösti formen und auf das Blech setzen. Oberfläche mit Öl bepinseln und bei 200°C Heißluft mit gering Dampf 20 min backen. Nach 10-12 min einmal wenden, damit beide Seiten schön goldbraun sind.

**5**

**Gurke** und **Radieschen** in Streifen schneiden, Etwas mit **Kräutersalz** bestreuen. 5 min später ausdrücken damit das Wasser von der **Gurke** den **Quark** nicht verwässert. Mit **Quark** mischen und mit **Haasis Gold** würzen. Rösti aus dem Ofen nehmen und mit Lachstatar ein Türmchen anrichten.

# LACHSTARTAR
## mit Kartoffelrösti

- 30 MIN + 20 MIN GARZEIT
- LEICHT
- 2 PORTIONEN
- DAMPFZUGABE

**TIPP**
Das Gericht kann auch mit frischem Lachs zubereitet werden.
Man kann die Rösti Masse auch auf den rohen Fisch geben und dann genauso im Ofen garen.

## ZUTATEN

300g geräucherter Lachs in Scheiben

Haasis Gold

½ gehackte Zwiebel

100ml Vinaigrette
(siehe Seite 13)

### SCHMAND

150g Schmand
(oder Quark)

½ Salatgurke

Kräutersalz

2 Radieschen

### RÖSTI

400g Kartoffeln
(festkochend)

1 Zucchini

1 Eigelb

½ gehackte Zwiebel

Haasis Gold

Kräutersalz

# Fisch

## SÜSS & SCHARF

### ZUTATEN

1 Mango
1 rote Zwiebel
5 Kirschtomaten
300g Tagliatelle
900ml Wasser
1 TL Zitronensaft
1 Chili
1 EL Salz
150g Garnelen
3 Stangen Spargel
Kresse

**1** Spargel in 4 cm lange Stücke schneiden. **Mango** schälen und in Würfel schneiden, **Zwiebel** schälen und in Viertel schneiden, **Kirschtomaten** halbieren, **Garnelen** auftauen.

**2** Alles mit den Tagliatelle in ein tiefes Blech geben. **Chilischote** halbieren und dazugeben mit **Zitronensaft** und **Salz** würzen. 3-fache Menge Wasser dazugeben.
(300g Nudeln = 900ml Wasser)

**3** Bei 100°C Dampf ca. 14 min kochen und nach 7 min die Nudeln umrühren.
Etwas Olivenöl dazugeben.
(Ohne Dampfgarer 180 Grad Heißluft und stark Dampf für ca. 20 min einstellen.)

# MANGO NUDELN
## auf gebackenen Garnelen

🕐 25MIN + 20 MIN GARZEIT   🐰 LEICHT

2 PORTIONEN   DAMPFZUGABE

**TIPP**
Nudeln haben unterschiedliche Garzeiten, somit muss die Garzeit immer angepasst werden.

**4**

Mit **Schnittlauch, Kresse** oder **Rucola** garnieren.

# Fisch

**1**

Karotte und Kohlrabi schälen und in dicke Streifen schneiden. Brokkoli in kleine Röschen schneiden. Mit Aktivator bestreuen und 5 min stehen lassen. Im Dampfgarer 7 min bei 100°C dämpfen. Dann mit kaltem Wasser abschrecken, damit die Farbe erhalten bleibt.

**2**

Paprika in Würfel schneiden. Champignons vierteln. Lauchzwiebel und Chili in Scheiben schneiden. Ananas würfeln. Gefrorene Erbsen auftauen.

**3**

Austernsoße, Sweet Hot Chilisoße, frisch gehackter Ingwer und Gemüsebrühe zusammen aufkochen bis eine sämige Soße entsteht.

Heißes Wasser nach Packungsanleitung über die Mienudeln gießen.

**4**

Gesamtes Gemüse auf ein Blech geben. Mit Haasis Gold und geröstetem Sesamöl begießen und alles gut mischen. Bei 200°C Heißluft mit gering Dampf 15 min garen. Fischfilet salzen und Hautseite leicht einritzen. Auf das Gemüse geben und nochmal 5 min weitergaren lassen.

**5**

Gekochte Mienudeln in eine Pfanne oder Wok geben. Die Soße dazugeben, verrühren und alles auf dem Herd erwärmen. Alternativ kann man es im Dampfbackofen auch regenerieren.

**6**

Gemüse auf den Mienudeln anrichten. Fisch auf dem Gemüse verteilen. Mit Salz und Sesamöl abschmecken.

# MEERBARBE
## auf asiatischem Gemüse und Mienudeln

🕐 30 MIN + 20 MIN GARZEIT  🧤 MITTEL

④ PORTIONEN 4  🔲 DAMPFZUGABE

**TIPP**
Austernsoße, Chilisoße und geröstetes Sesamöl bekommt man im Asia Shop.

Bitte geröstetes Sesamöl nehmen.

Die Meerbarbe kann auch durch einen anderen Fisch ersetzt werden.

Shiitakepilze, Spargel oder Blumenkohl passen auch gut zu diesem Gericht. Ebenso können Sprossen dazu gegeben werden.

## ZUTATEN

1 Karotte

1 Brokkoli

1 Kohlrabi

2 Paprika rot

1 Lauchzwiebel

½ Ananas

2 EL Erbsen

100g Champignons

1 Chili

250g Mienudeln

4 Meerbarben Filets

2 EL Austernsoße

2 EL Sweet Hot Chilisoße

200ml Gemüsebrühe

Ingwer

Salz, geröstetes Sesamöl

# VEGETARISCH

Serviettenknödel | S. 78

Bei vegetarischen Speisen ist der Dampfbackofen ein absoluter Alleskönner. Gemüse im Dampfgarer behält seine Vitamine und Mineralstoffe. Das Gemüse wird quasi nicht ausgelaugt wie es beim Kochen im Wasser der Fall ist.

Ofengemüse mit Dampfzugabe wird schneller fertig und ist schön saftig.
Und was Dampf mit einem (Gemüse-)Pfannkuchen anstellt ist sowieso sensationell!

| | |
|---|---|
| **Polenta Currysticks** | 72 |
| **Kaiserschmarrn** | 74 |
| **Gemüsepfannkuchen** | 76 |
| **Serviettenknödel** | 78 |
| **Tomatenspaghetti** | 80 |

# Vegetarisch

**1**

Gemüsebrühe aufkochen, Haasis Gold, Erdnussbutter, Curry und Salz dazugeben. Polenta Grieß in die Brühe einrieseln lassen und mit einem Schneebesen gut durchrühren. Topf vom Herd nehmen und wieder gut durchrühren bis die Masse fast fest ist.

**2**

Backpapier auf ein Backblech legen. Noch warme Polenta Masse darauf verstreichen. Die Masse sollte nicht zu dünn aufgestrichen werden, da es sonst keine schönen Sticks gibt.

**3**

Gemüse putzen und in etwa gleichgroße Stücke schneiden. Gemüse mit Aktivator bestreuen.

**4**

Polenta Masse in gleichgroße Sticks schneiden. Alles etwas auseinanderlegen und von allen Seiten mit geröstetem Sesamöl bestreichen.

**5**

Das Gemüse auf ein Blech legen. Alles mit Haasis Gold, Kräutersalz, Pfeffer und Olivenöl würzen. So viel Olivenöl darüber geben bis das Gemüse schön glänzt.

**6**

Gemüse mit Polentasticks in den Backofen bei 200°C mit gering Dampf schieben. Nach 20 min das bissfeste Gemüse entnehmen und den Ofen auf Grill einstellen, um den Sticks noch etwas Farbe zu geben.
Wer das Gemüse etwas weicher will, wechselt einfach die Bleche im Ofen und lässt das Gemüse beim Grillen noch für 5 min im Ofen.

# POLENTA CURRYSTICKS
## auf Ofengemüse

- 45 MIN + 35 MIN GARZEIT
- MITTEL
- 4 PORTIONEN 4
- DAMPFZUGABE

**TIPP**
Polenta Sticks eigenen sich auch als Beilage zu Lamm. Um die Garzeit zu verkürzen, kann das Gemüse auch aktiviert werden.

Polenta kann auch im Dampfgarer hergestellt werden. Dazu den Topf einfach für 20 min bei 100° in den Dampfgarer.

## ZUTATEN

175g Polenta Grieß
600ml Gemüsebrühe
1 TL Curry
1 EL Erdnussbutter
1 TL Haasis Gold
1 EL Sesamöl geröstet
Salz

**GEMÜSE**
Olivenöl, Haasis Gold
Kräutersalz
1 Karotte
1 Hokkaidokürbis
1 Paprika
1 Fenchel Knolle
1 rote Zwiebel
Oliven schwarz
Spargel, Lauchzwiebel
Champignons
Aktivator
(siehe Seite 14)

## ZUM VERFEINERN

Thymian, Rosmarin, Liebstöckel

# Vegetarisch

**1**

Mehl und Milch in einer Schüssel glatt rühren. Mit Zucker, Zimt und Zitronenabrieb abschmecken.

**2**

6 frische Eier in den Teig geben. Diese sehr vorsichtig unterheben. Nicht kräftig rühren. Nur so stark, dass sich das Eigelb zerteilt. Damit der Teig fluffig wird sollte er ganz cremig sein.

**3**

Blech im Ofen bei 200°C Heißluft mit mittel Dampf vorheizen. Dann das heiße Blech herausnehmen und mit etwas Butter gut einpinseln. Den fertigen Teig auf das Blech gießen und bei Einschubhöhe 2 wieder in den Ofen schieben. Bitte den Ofen zwischendurch nicht mehr öffnen.
Für 20-25 min im Ofen backen.

**4**

Obst nach Wahl und Saison klein schneiden und etwas mit Puderzucker bestreuen.

**5**

Der Teig sollte im Ofen nach oben aufgehen. Dann ist er auch schön fluffig. Wenn er genügend Farbe angenommen hat, aus dem Ofen nehmen, frische kalte Butterflocken darüber geben und mit zwei Teigschabern zerrupfen.

**6**

Puderzucker darüber streuen und nochmal 3-4 min in den Ofen, bis der Zucker karamellisiert ist.

Auf einer Platte mit frischem Obst anrichten.

# KAISERSCHMARRN
## mit frischem Obst

- 30 MIN + 25 MIN GARZEIT
- LEICHT
- 4 PORTIONEN
- DAMPFZUGABE

**TIPP**

Kann auch als Gemüse-Schmarren pikant gemacht werden.

Welches Obst und wie viel, ist jedem selbst überlassen. Apfelmus oder eingewecktes Obst ist ebenso zu empfehlen wie Vanillesoße oder Eis.

Apfelstücke oder Rosinen kann man gleich zum Teig geben.

Mit Rum oder Amaretto kann noch aromatisiert werden.

## ZUTATEN

750ml Milch

6 Eier

300g Weizenmehl
Type 550 oder 405
(optional Dinkelmehl
Type 630)

1 EL Zucker

1 TL Zimt

Zitronenabrieb

80g Butter

Puderzucker

Obst nach Wunsch

**ZUM VERFEINERN:**
Apfelmus,
Vanillesoße, Eis

# Vegetarisch

**1**

Milch und Mehl in einer Schüssel zu einem geschmeidigen Teig verrühren. Dann die Eier in den Teig schlagen und ganz vorsichtig mit einem Schneebesen oder Spachtel unterheben. Nicht fest verrühren. Es soll ein zäher geleeartiger Teig entstehen. Mit Pfeffer, Haasis Gold, Kräutersalz, Muskat und gehackten Kräutern würzen.

**2**

Champignons und Kirschtomaten halbieren. Restliches Gemüse klein schneiden und im Dampfgarer etwa 10 min bei 100°C dampfgaren. Mit kaltem Wasser abschrecken und gut abtropfen lassen.

**3**

Blech im Ofen bei 200°C Heißluft und mittel Dampf vorheizen. Heißes Blech aus dem Ofen nehmen und mit Butter oder Öl gut einfetten. Teig in das Blech gießen. Gemüse darauf verteilen. Das Blech zurück in den Ofen schieben, Einschubhöhe 2. Einstellung beibehalten. Nicht mehr öffnen.

**4**

Essig, Zitronensaft, Gewürze, Brühe und Senf in einer Schüssel kräftig verrühren bis eine glatte, cremige Masse entsteht. Dann Öl unter ständigem Rühren langsam hinzufügen. Es sollte eine cremige Soße entstehen bei der kein Öl mehr oben schwimmt. Salate putzen und kurz vor dem Essen mit der Vinaigrette vermengen.

**5**

Pfannkuchen im geschlossenen Ofen 20-25 min backen, bis sich die Ränder heben und Farbe annehmen. Dann, ohne den Ofen zu öffnen noch 8 min bei 200°C Unterhitze und gering Dampf backen lassen.

**6**

Blech aus dem Ofen nehmen. Den Pfannkuchen auf ein großes Blech schieben und in gleichgroße Stücke schneiden. Mit Salat und Kräuterdip servieren. Restlicher Pfannkuchen kann jederzeit wieder regeneriert werden.

# GEMÜSEPFANNKUCHEN
## mit Salatteller

30 MIN + 40 MIN GARZEIT | MITTEL
4 PORTIONEN | DAMPFGARER

**TIPP**
Pfannkuchen kann man auch nur mit Lauch und Käse machen.

Vinaigrette mit Schüttelbecher oder am besten mit dem Pürierstab mixen.

Senf ist wichtig bei der Vinaigrette. Er sorgt dafür, dass es eine Emulsion gibt.

## ZUTATEN

100ml Milch
500g Mehl Type 550
6 frische Eier
5g Butter (zum Einpinseln)

### SALAT
4 EL Weißweinessig
1 EL Senf mittelscharf
Prise Salz und Pfeffer
Prise Zucker oder 1 Tl Honig
1EL Zitronensaft
1 EL Gemüsebrühe
12 EL Rapsöl
Blattsalate nach Wunsch
½ Gurke
1 Bund Radieschen
4 Kirschtomaten

### GEMÜSE (NACH WUNSCH)
2 Stangen Spargel
1 Kohlrabi
1 Karotte
¼ Kürbis
1 Paprika rot
2 EL Erbsen TK
1 kl. rote Zwiebel
8 Kirschtomaten
½ Stange Lauch
4 Champignons
1 EL gehackter Schnittlauch und Petersilie
Salz, Kräutersalz, Pfeffer, Muskat
Aktivator (siehe Seite 14)
Haasis Gold

# Vegetarisch

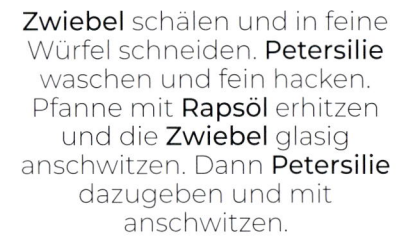

**1**

Zwiebel schälen und in feine Würfel schneiden. Petersilie waschen und fein hacken. Pfanne mit Rapsöl erhitzen und die Zwiebel glasig anschwitzen. Dann Petersilie dazugeben und mit anschwitzen.

**2**

Knödelbrot mit Backpulver mischen. Milch aufkochen. Sie sollte sehr heiß sein, damit das Knödelbrot auch richtig zusammenfällt. Salz, Pfeffer und Muskat zum Knödelbrot geben.

**3**

Heiße Milch über das Knödelbrot gießen. Eier, Zwiebel und Petersilie dazugeben und alles mit einem Kochlöffel vermengen. Sollte die Masse zu feucht sein noch etwas Semmelbrösel/ Knödelbrot hinzufügen. Ist die Masse zu trocken noch etwas heiße Milch dazu geben.

**4**

Masse auf einer Klarsichtfolie ausbreiten mit getrockneten Tomaten und Schafskäse füllen und aufrollen.

Knödel 20 min im Dampfgarer bei 100°C dämpfen.

**5**

Pilze putzen und schneiden. Lauch in Scheiben schneiden. Alles mit Kräutersalz, Haasis Gold und Pfeffer würzen. Kräuterbutter dazugeben und in den Ofen schieben.

**6**

Gedämpfte Knödel aus dem Dampfgarer nehmen. In Scheiben schneiden und um die Pilze legen. Alles nochmal mit Salz, Pfeffer und Haasis Gold kräftig abschmecken. Bei 200°C Heißluft mittel Dampf für 20 min im Ofen garen.

# SERVIETTENKNÖDEL
## gefüllt auf Ofenpilzen

- 35 MIN + 40MIN GARZEIT
- MITTEL
- 4 PORTIONEN
- DAMPFGARER

**TIPP**
Anstatt Pilze kann man auch andere Gemüsesorten nehmen.

Eventuell muss man diese Gemüsesorten vorher noch 5 min dämpfen (z.B. Karotten Kohlrabi, Blumenkohl).

Man kann auch noch etwas Sahne hinzufügen.

Semmelknödelteig geht auch ohne Backpulver. Allerdings macht Backpulver den Teig locker.

## ZUTATEN

200ml Rapsöl

400g Knödelbrot

350ml Milch

3 Eier

4 getrocknete Tomaten

100g Schafskäse

Salz, Pfeffer, Muskat

½ Päckchen Backpulver

½ Bund Petersilie,

1 Zwiebel

400g frische Pilze
(nach Wunsch und Verfügbarkeit)

100g Kirschtomaten

1 Stange Lauch

150g Kräuterbutter
(siehe Seite 16)

Kräutersalz

Haasis Gold

Semmelbrösel

# Vegetarisch

**1** Backpapier auf ein Blech legen. **Parmesanstück** mit einer Reibe in feine Streifen reiben (immer nur in eine Richtung reiben!) und auf dem Backpapier verteilen.

**2** **Passierte Tomaten** mit **Kräutersalz**, **Basilikum** und **Pfeffer** sehr kräftig abschmecken. **Spaghetti** bereitlegen.

**3** **Tomatensoße** in das Blech gießen. 1l **Wasser** dazu gießen und gut verrühren. **Spaghetti** gleichmäßig auf dem Blech verteilen. **Gemüse** in gleichgroße Stücke schneiden.

**4** **Gemüse** gleichmäßig auf den **Nudeln** verteilen. **Nudeln** in den kalten Ofen schieben. Ofen auf 200°C Heißluft mit gering Dampf einstellen und die **Nudeln** 20 min + Zeitangabe auf der Originalpackung darin garen.

**5** **Parmesan** auf Ebene 1 im Ofen schmelzen lassen. Wenn der **Käse** geschmolzen ist, **Puderzucker** über den **Käse** streuen.

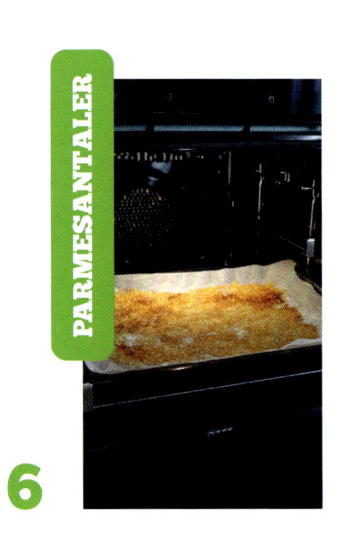

**6** Den **Zucker** karamellisieren lassen. Nicht zu dunkel werden lassen, weil er noch nachbräunt.

Anschließend alles auf einer Platte anrichten.

# TOMATENSPAGHETTI
## mit frischem Bauerngemüse und Parmesantalern

- 20 MIN + 25 MIN GARZEIT
- LEICHT
- 4 PORTIONEN
- DAMPFZUGABE

**TIPP**
Zu diesem Rezept gibt es viele Variationen. Das Gemüse kann je nach Vorliebe ersetzt werden. Für die Tomatensoße kann auch Sahne oder nur Wasser genommen werden.
Auch kann das Gericht mit gebratenem Fleisch oder rohen Lachswürfeln erweitert werden.

## ZUTATEN

500g Spaghetti

250g Parmesan

500ml passierte Tomaten

Kräutersalz

1l Wasser

1 Paprika

200g Champignons

100g Oliven

100g Kirschtomaten

1 kleine rote Zwiebel

Puderzucker

Basilikum

Pfeffer

Was hat ein Dampfbackofen mit Salaten zu tun?

Natürlich wird ein Salat nicht gebacken, aber die Beilagen machen es aus, dass aus einem einfachen Salat eine Kreation wird.

| | |
|---|---|
| **Panierter Lachs** | **84** |
| **Salatteller** | **86** |

# SALATE

Salatteller | S. 86

# Salate

## FRISCH & KNACKIG

### ZUTATEN

300g Lachsfilet

½ Zitrone

**PANADE**

1 Ei

100g Semmelbrösel

10g Sesam weiß

10g Sesam schwarz

200ml Rapsöl
(zum Bestreichen)

Mehl

**SALAT**

1 Granatapfel

200g Feldsalat

2 Feigen

Vinaigrette
(siehe Seite 13)

**LUPINEN**

50g Lupinen Kerne

100g Lupinen ganz

Paprika, Curry, Haasis Gold, Honig, Kräutersalz

Öl

### 1

Eingeweichte **Lupinen** und **Lupinenkerne** im Dampfgarer 40 min bei 100°C dämpfen und auf ein Blech mit Backpapier legen. Mit **Paprika**, **Haasis Gold**, **Kräutersalz**, einer Prise **Curry**, 1 EL **Honig**, **Salz**, **Pfeffer** und **Öl** würzen. Bei 180°C Heißluft 20 min mit gering Dampf backen. Danach auf 205°C Heißluft mit Grill ohne Dampf für 15 min hochschalten.

### 2

Vom **Lachsfilet** die Haut entfernen, Gräten zupfen und mit **Zitrone** würzen. In Streifen schneiden. **Semmelbrösel** mit schwarzem und weißem **Sesam** und **Kräutersalz** mischen. Lachs mit **Mehl**, **Ei** und der **Semmelbrösel** Mischung panieren.

### 3

**Granatapfel** halbieren. Wasser in eine Schüssel geben und unter Wasser die Kerne auspuhlen. Die Kerne sinken auf den Boden, die Hautteile schwimmen oben. **Feldsalat** waschen, **Feigen** halbieren. **Granatapfelkerne** und **Lupinenkerne** mit **Vinaigrette** mischen. Zum **Feldsalat** geben. Mit **Feigen** garnieren.

# PANIERTER LACHS
## auf Feldsalat

- 20 MIN + 2 H GARZEIT LUPINEN ÜBER NACHT EINWEICHEN.
- MITTEL
- 2 PORTIONEN
- DAMPFZUGABE

**TIPP**
Salat kann auch anstatt mit Lupinen mit Brotcroutons, Kichererbsen etc. gemacht werden. Lupinen sind eine hervorragende Eiweißquelle und glutenfrei.

Weitere Infos über Lupinen gibt es auf www.biolandhof-kelly.de.

**4**

Paniertes **Lachsfilet** von allen Seiten mit **Öl** bestreichen oder in **Öl** wenden. Auf ein Gitter geben. Unter das Gitter ein Blech mit Backpapier und Haushaltstücher geben. Die Tücher ganz leicht mit Wasser besprenkeln. Im Ofen bei 200°C Heißluft mit gering Dampf für 20 min backen.

# Salate

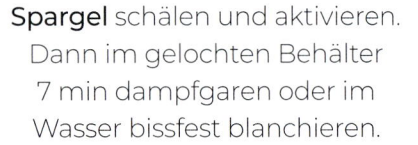

**1**

**Spargel** schälen und aktivieren. Dann im gelochten Behälter 7 min dampfgaren oder im Wasser bissfest blanchieren.

**2**

Jeweils eine Scheibe **gekochter Schinken**, **geräucherter Schinken** und **Käse** ineinanderlegen. Den **Spargel** darin einrollen.

**3**

**Mehl**, 2 zerschlagene **Eier**, und **Semmelbrösel** für die Panade bereitstellen.

**4**

Eingerollter **Spargel** mit **Mehl**, **Ei** und **Semmelbrösel** panieren. Mit **Rapsöl** von allen Seiten einpinseln und auf ein Gitter legen. **Spargelröllchen** im Ofen bei 200°C Heißluft mit gering Dampf ca. 15 min backen bis sie schön kross sind.

**5**

**Blattsalate** putzen und am besten trocken schleudern. **Erdbeeren** waschen und halbieren.

**6**

Salz, Pfeffer, Haasis Gold, Senf, Honig, Orangensaft, Weißweinessig und **Aceto Balsamico** mit dem Stabmixer aufschlagen. Dann die 3-fache Menge **Raps-** oder **Olivenöl** langsam dazugießen bis alles eine homogene Masse ergibt.

# SALATTELLER
## mit panierten Spargelröllchen im Erdbeerdressing

- 25 MIN + 15 MIN GARZEIT
- MITTEL
- 2 PORTIONEN
- DAMPFGARER

**TIPP**
Wer das Gericht vegetarisch möchte, wickelt das Ganze nur in Käse oder in eine gebratene Zucchinischeibe oder paniert nur den Spargel.

Vinaigrette kann sehr gut über 2-3 Wochen im Kühlschrank aufbewahrt werden.

## ZUTATEN

4 Stangen Spargel
4 Scheiben Schinken (gekocht)
4 Scheiben Schinken (geräuchert)
4 Scheiben Käse
2 Eier
2 EL Mehl Type550
4 EL Semmelbrösel
½ Salat Lollo Rosso
1 Bund Rucola
1 Schale Kresse
400g Erdbeeren
Rapsöl

**VINAIGRETTE**

1 EL Senf
1 EL Honig
1 EL Weißweinessig
100ml Aceto Balsamico
100ml Orangensaft
1 EL Haasis Gold
400ml Öl
Prise Salz & Pfeffer

# VOR DER KAMERA

# HAASI KOCHT
## Unbeschwert am Herd

"Haasi, du musst einen YouTube Kanal aufmachen". Diesen Satz habe ich nach einer Kochvorführung immer wieder gehört. Mein Problem war nur, ich habe gar nicht gewusst, was YouTube ist.

Doch dann kam Corona. Ich habe mich mal mit dem Thema YouTube beschäftigt und festgestellt, dass dieses Medium doch etwas für mich sein könnte. Also hab ich mich auf die Suche gemacht, um jemanden zu finden, der davon mehr versteht und dazu auch noch filmen kann. Jetzt kommen die Jungs von Werwolf Media ins Spiel. Spezialisten auf diesem Gebiet, unkompliziert, experimentierfreudig und begeisterungsfähig. So ist der Kanal "Unbeschwert am Herd" entstanden, der mittlerweile über 2000 Abonnenten hat.

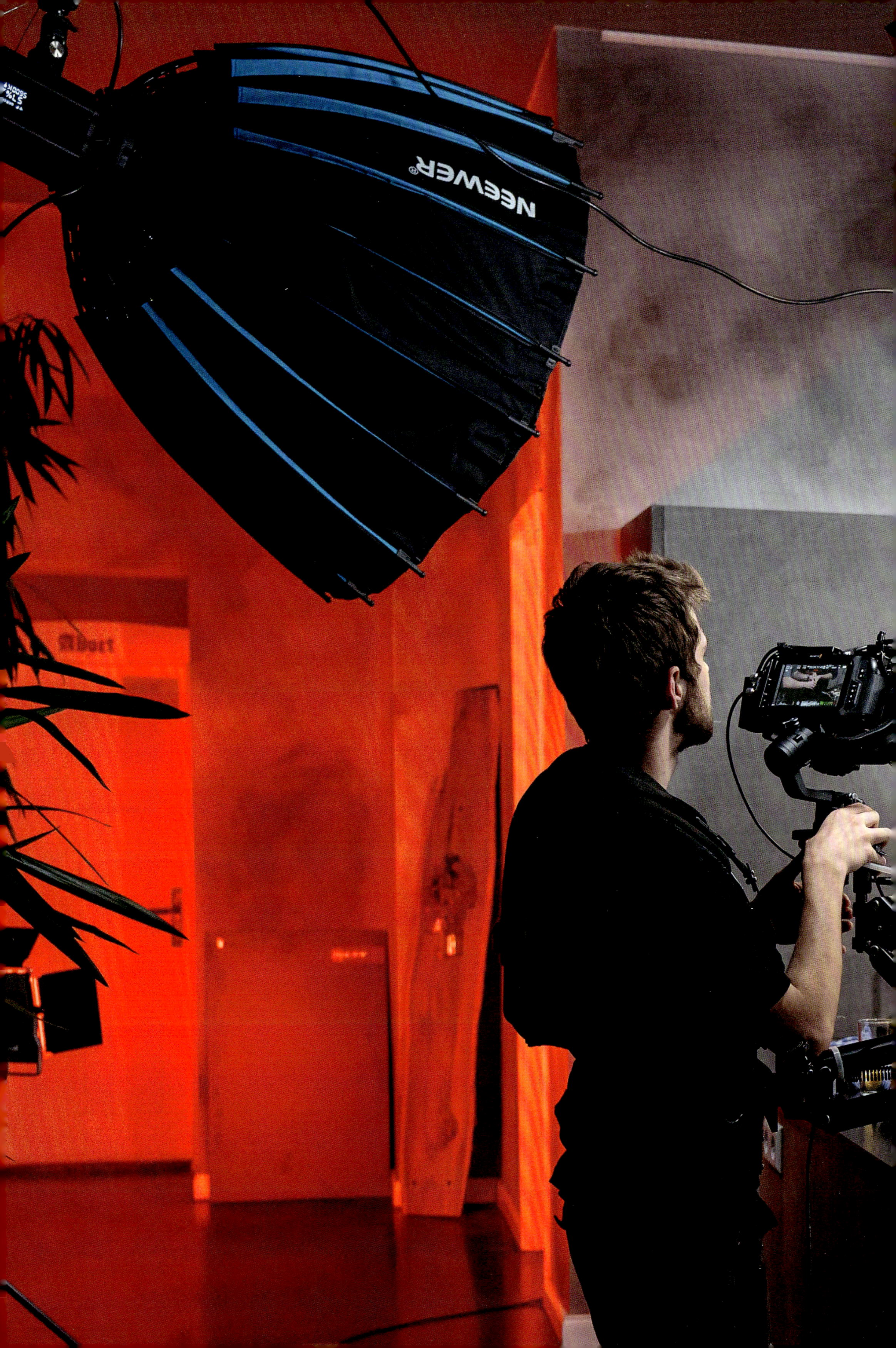
NEEWER

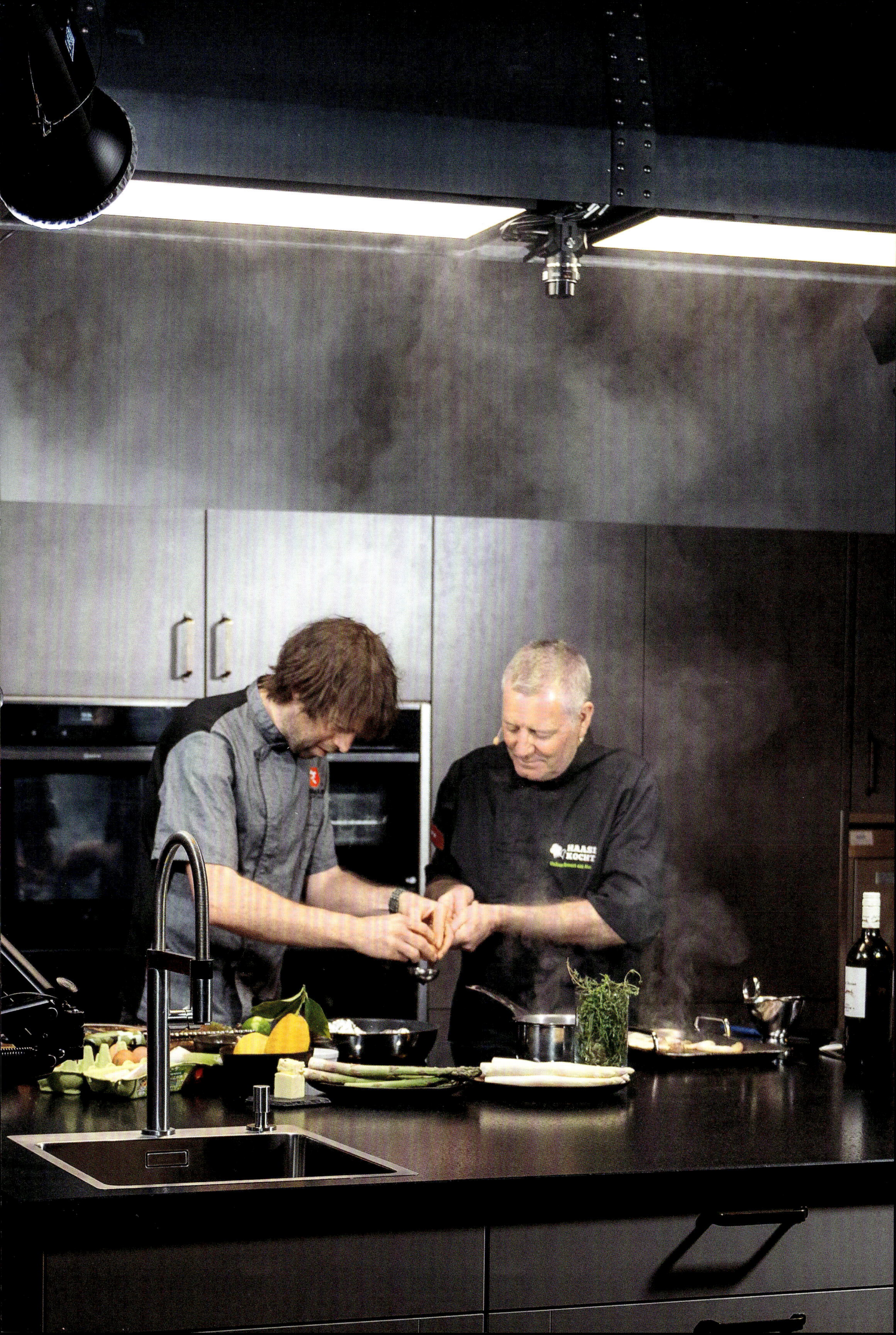

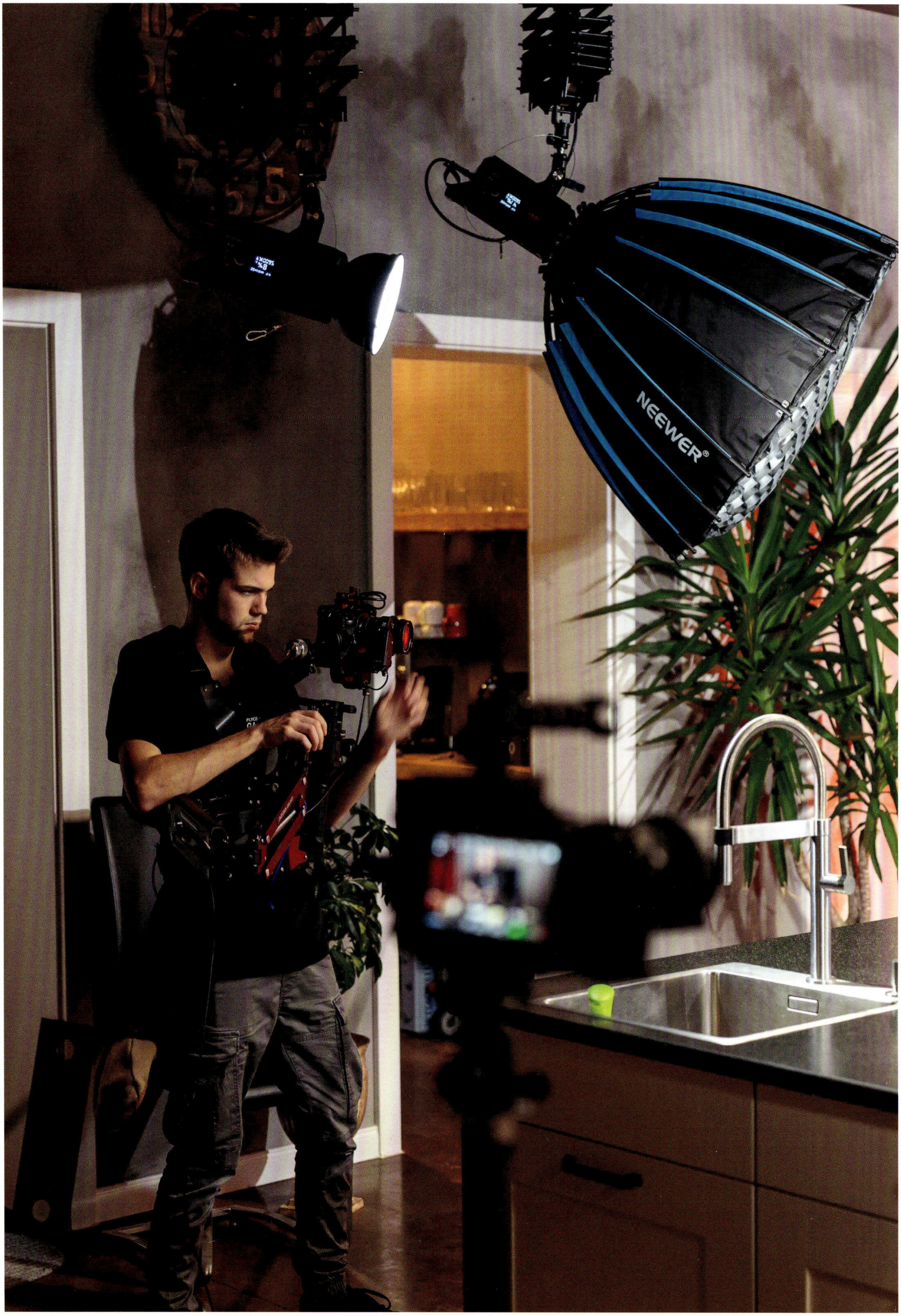
NEEWER®

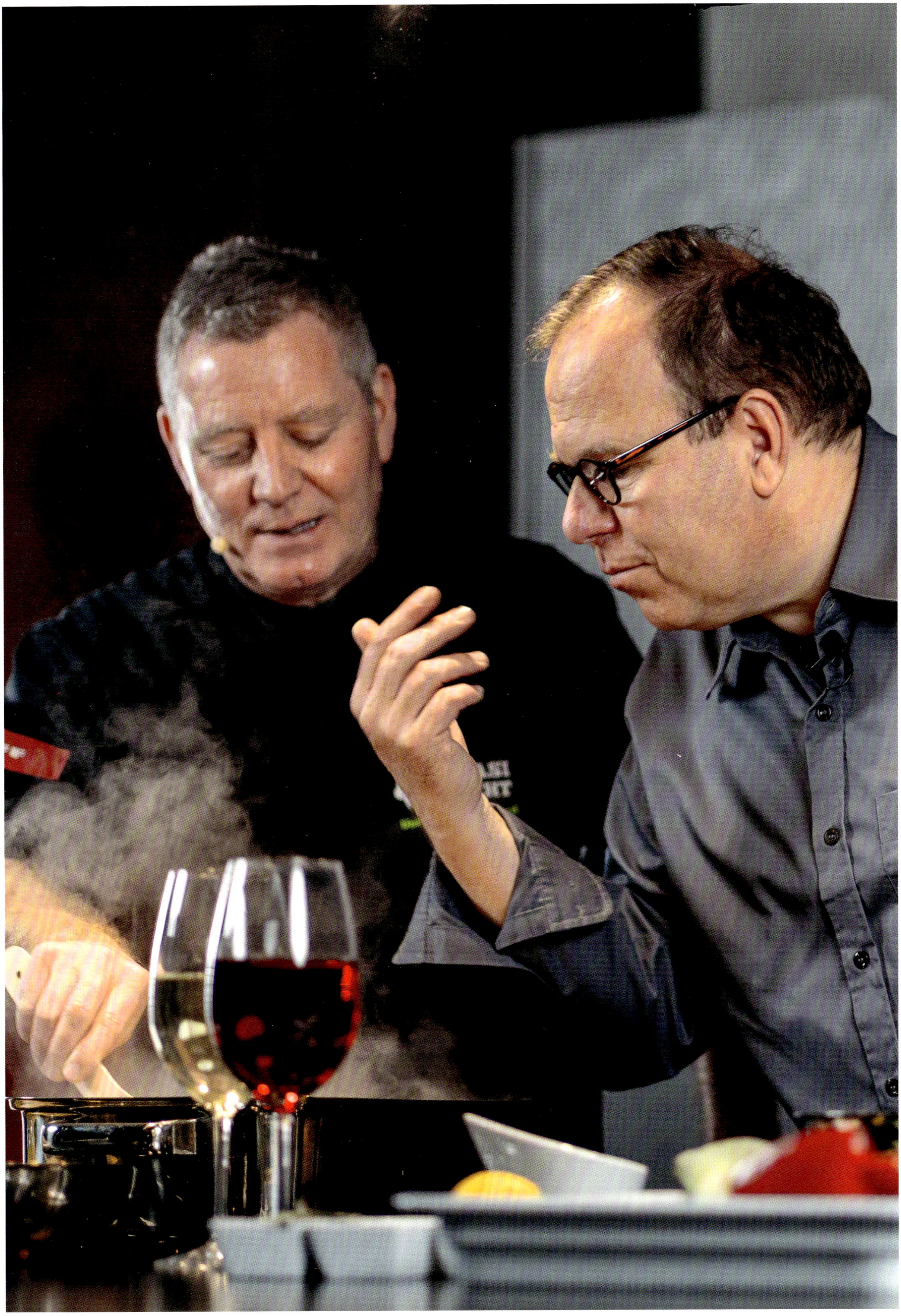

Blackmagicdesign
HERD
OFEN
STEM
PC1
PC2
MIC 1
MIC 2
Master
ATEM Software Control

*Geschafft!!!*
Vielen Dank lieber Leser und liebe Leserin, dass du das Buch bis hierher durchgeschaut hast. Ich hoffe, dass ich dir ein paar Tipps und Anregungen vermitteln konnte. Mein Wunsch ist, dass du neugierig geworden bist, das ein oder andere nachzukochen. Oder bestenfalls sogar weiter empfiehlst!

Bedanken möchte ich mich an dieser Stelle natürlich auch beim Werwolf Media Team. Ohne die Jungs wäre nicht viel passiert. Besonderer Dank gilt Uwe Dargel für die tollen Fotos. Immer mit Herzblut dabei und perfekte Fotos geschossen. Wusste gar nicht, dass mein Essen so schön aussehen kann.

Vielen Dank an Sascha Dargel, Manuel Pfender, Simon Gut und Regina Kolb-Dargel, die alles drumherum gemeistert haben. Einfach nur spitze. Das war nicht unser letztes Buch.

Mein Dank gehört auch meiner Familie und meinen Freunden, die mich mit Tipps und auch mit Kritik weitergebracht haben. Besonders erwähnen möchte ich meine Frau Tatjana und meine drei Söhne Nikolai, Noah und Raphael.

Dankeschön an meinen Freund Rainer Schwaderer, der mich überhaupt erst an so einen Ofen gestellt hat.

Nicht zu vergessen, herzlichen Dank an Bernhard Schad, der mich in der Coronazeit tatkräftig unterstützt hat, und allen Testkochern.

Ohne euch wäre dieses Buch nie entstanden.

**DANKESCHÖN**